受益一生的百科知识丛书

世界历史百科知识

李　森　徐志莹　范传南　编著

吉林人民出版社

图书在版编目(CIP)数据

世界历史百科知识 / 李森, 徐志莹, 范传南编著
. -- 长春 : 吉林人民出版社, 2012.4
（受益一生的百科知识）
ISBN 978-7-206-08755-4

Ⅰ.①世… Ⅱ.①李… ②徐… ③范… Ⅲ.①世界史
－通俗读物 Ⅳ.①K109

中国版本图书馆CIP数据核字(2012)第071321号

世界历史百科知识

SHIJIE LISHI BAIKE ZHISHI

编　著:李　森　徐志莹　范传南
责任编辑:李沭薇　　　　　　　　封面设计:七　洱
吉林人民出版社出版 发行(长春市人民大街7548号　邮政编码:130022)
印　　刷:永清县晔盛亚胶印有限公司
开　　本:670mm×950mm　　1/16
印　　张:13　　　　　　　　字　　数:220千字
标准书号:ISBN 978-7-206-08755-4
版　　次:2012年7月第1版　　印　　次:2023年6月第3次印刷
定　　价:45.00元

如发现印装质量问题,影响阅读,请与出版社联系调换。

古 代 篇

人类历史的起源

人类起源的十大经典神话 …………………… 003
科学的人类起源 …………………… 003
早期猿人 …………………… 003
晚期猿人 …………………… 003
尼安德特人 …………………… 004
克鲁马农人 …………………… 004

远古的足音

人工取火 …………………… 004
语言的产生 …………………… 004
弓箭的发明 …………………… 005
旧石器时代 …………………… 005
血缘家族 …………………… 005
氏族公社 …………………… 006
新石器时代 …………………… 006
原始农业 …………………… 006
母系社会 …………………… 007
父系社会 …………………… 007
三次社会大分工 …………………… 007
私有制的产生 …………………… 007
军事民主制 …………………… 008
国家的产生 …………………… 008

灿烂的尼罗河流域

尼罗河文明 …………………… 008
古埃及王国 …………………… 009
古埃及的最高统治者——法老 …………………… 009
埃及的太阳历 …………………… 009
卡纳克神庙 …………………… 009
神秘的金字塔 …………………… 010
木乃伊 …………………… 010
斯芬克斯之谜——狮身人面像 …………………… 010
阿赫那顿改革 …………………… 010
埃及的奴隶制 …………………… 011
埃及艳后——克娄巴特拉 …………………… 011

绚丽的印度河流域

哈拉巴文化 …………………… 011
雅利安人 …………………… 012
种姓制度 …………………… 012
婆罗门教 …………………… 012
《奥义书》 …………………… 012
摩羯陀国 …………………… 013
孔雀帝国 …………………… 013

目 录
CONTENTS 2

阿育王 ·······················013
释迦牟尼与佛教的产生 ··········014

苏美尔的古国文明
阿卡德王国 ·················014
乌尔第三王朝 ···············014
《乌尔纳姆法典》 ···········014
苏美尔的泥版文字 ···········015
楔形文字 ···················015
太阴历 ·····················015
苏美尔人的技术和数学 ·······015

古巴比伦的足迹
古巴比伦文明 ···············016
古巴比伦王国 ···············016
"巴比伦之囚" ···············016
两河流域的天文历法 ·········017
新巴比伦的建立 ·············017
《汉莫拉比法典》 ···········017

远古的帝国
波斯帝国 ···················017
大流士一世改革 ·············018
亚述帝国 ···················018
贵霜帝国 ···················018

腓尼基文明
航海的民族——腓尼基人 ·····019
腓尼基文字 ·················019

赫梯与古巴勒斯坦
赫梯王国 ···················019
早期游牧的希伯来人 ·········020
古巴勒斯坦的统一 ···········020
犹太教 ·····················020
以色列王国 ·················020
大卫与所罗门 ···············021

古代日本
绳文氏与弥生氏文化 ·········021
大和国家统一的日本 ·········022
日本文字 ···················022

古代美洲文明
奥尔梅克文明 ···············022
帕拉卡斯文化 ···············023
摩羯文化 ···················023

目录

CONTENTS 3

爱琴海文明
迈锡尼文明 ·····················023
米诺斯王宫 ·····················023
特洛伊战争 ·····················024
木马计 ·························024
线形文字 ·······················024

古希腊文明
荷马时代 ·······················025
《荷马史诗》 ····················025
《伊索寓言》 ····················025
希腊城邦的兴起 ···················026
尚武轻文的斯巴达人 ·················026
雅典城邦国家的形成 ·················027
托勒密王朝 ·····················027
塞琉古王朝 ·····················027
梭伦改革 ·······················027
克利斯提尼改革 ···················028
希波战争 ·······················028
伯里克利时代 ····················029
伯罗奔尼撒战争 ···················029
马拉松之战 ·····················029
萨拉米海战 ·····················030
希腊字母 ·······················030
修昔底德 ·······················030
希罗多德 ·······················031
苏格拉底 ·······················031
柏拉图 ·························031
亚里士多德 ·····················032
阿基米德 ·······················032
欧几里得 ·······················032
毕达哥拉斯 ·····················032
希腊神话 ·······················033
古希腊奥林匹克运动会 ···············033

古罗马文明
罗马共和国 ·····················033
罗马元老院 ·····················033
罗马王政时代 ····················034
保民官 ·························034
庇护制 ·························034
《十二铜表法》 ···················034
罗马征服意大利 ···················035
马略的军事改革 ···················035
苏拉的独裁 ·····················035
汉尼拔 ·························035
凯撒大帝 ·······················036
屋大维 ·························036

目录
CONTENTS
4

君士坦丁大帝 ···036
安敦尼王朝的建立 ·································037
古罗马的角斗士 ····································037
匈奴王阿提拉 ··037
布匿战争 ···038
西西里起义 ···038
斯巴达克起义 ··038
罗马帝国 ···039
基督教的兴起与传播 ····························039
《圣经》 ··039
维纳斯 ··040
弗拉维圆形剧场 ····································040
庞贝古城 ···040

中世纪篇

欧洲列国时代的突起

中世纪 ··043
西欧封建关系的萌芽 ····························043
日耳曼人大迁徙 ····································043
西哥特王国 ···044
法兰克王国 ···044
查理曼帝国 ···044
查理大帝 ···045
教皇国 ··045
英吉利王国 ···045
德、法、意三国的形成 ·······················046
《凡尔登条约》 ····································046
议会 ···046
采邑制 ··047
北欧海盗的入侵 ····································047
十字军东征 ···048
僧侣骑士团 ···048
西欧城市的发展 ····································048
诺曼底王朝 ···049
亨利二世改革 ··049
《末日审判书》 ····································049
《自由大宪章》 ····································050
英国民族国家的形成 ····························050
威廉一世 ···050
查理一世 ···051
红白玫瑰战争 ··051
英法百年战争 ··051
圣女贞德 ···052
法兰西民族国家的形成 ·······················052
议会君主制 ···052
路易九世改革 ··053
横扫欧洲的黑死病 ·································053

德意志王国 ·······················053
腓特烈一世 ·······················054
哈布斯堡王朝 ·····················054
汉萨同盟 ·························054
威尼斯共和国 ·····················055
佛罗伦萨共和国 ···················055
梵蒂冈城市国家 ···················055

亚洲中世纪的政治舞台
阿拉伯帝国 ·······················056
阿拉伯半岛的统一 ·················056
麦地那 ···························056
倭马亚王朝 ·······················056
白益王朝 ·························057
奥斯曼帝国 ·······················057
土耳其的对外扩张 ·················057
伊斯坦布尔 ·······················058
君士坦丁堡的陷落 ·················058
拔都西征 ·························059
旭烈兀西征 ·······················059
帖木儿帝国 ·······················059
笈多王朝 ·························060
戒日帝国 ·························060
德里苏丹国 ·······················060
莫卧儿帝国 ·······················061
圣德太子改革 ·····················061
奈良时代 ·························061
平城京 ···························062
和歌《万叶集》 ···················062
汉诗《怀风藻》 ···················062
平安时代 ·························063
源平合战 ·························063
大化改新 ·························063
武士兴起 ·························064
幕府 ·····························064
镰仓幕府的创立 ···················064
室町幕府的兴起 ···················065
德川幕府的盛衰 ···················065
日本统一国家的形成 ···············066
日本"锁国政策" ···················066
《源氏物语》 ·····················066

非洲沙漠里的繁荣
努比亚王国 ·······················067
埃塞俄比亚王国 ···················067
桑给帝国 ·························067
大津巴布韦文化 ···················068
贝宁王国 ·························068

目 录
CONTENTS

6

马里王国 ································068
加纳王国 ································069
埃及反抗十字军的斗争 ··············069
埃及抵抗蒙古西征 ····················069
马格里布的独立 ······················069

美洲文明的印迹
阿兹特克文明 ·························070
印加帝国 ································070
印加文化 ································071
玛雅文明 ································071

拜占庭帝国的盛衰
拜占庭帝国的盛衰 ····················072
圣索菲亚教堂 ·························072
《查士丁尼法典》 ····················073

俄罗斯"沙俄"的建立与扩张
俄罗斯主体民族的形成 ··············073
伊凡四世改革 ·························073
"沙皇"称号 ························074
俄罗斯教会改立东正教 ··············074
索贡巡行 ································074

中世纪的基督教与西欧文化
罗马教廷的盛衰 ······················075
英诺森三世加强教权 ·················075
宗教裁判所 ···························075
巴黎大学的成立 ······················076
哥特式建筑的兴起 ····················076
十四行诗 ································076
骑士文学 ································077

文艺复兴的繁荣
文艺复兴运动 ·························077
人文主义之父——彼得拉克 ·········077
但丁与《神曲》 ······················077
达·芬奇 ································078
马基雅维利 ···························078
米开朗琪罗 ···························078
画圣——拉斐尔 ······················078
戏剧大师——莎士比亚 ··············078
薄伽丘与《十日谈》 ·················079
《巨人传》 ···························079
《乌托邦》 ···························079
塞万提斯和《堂吉诃德》 ···········079
日心说的创立者——哥白尼 ·········080
烈火中永生——布鲁诺 ··············080

伽利略 ·················080
科学之光——培根 ············080
生理学之父——哈维 ···········081
近代科学的始祖——笛卡儿 ·········081
法国绘画之父——普桑 ··········081
圣彼得大教堂 ·············081
巴洛克 ················082

宗教改革的曙光
宗教改革运动 ·············082
胡司宗教改革 ·············082
马丁·路德的宗教改革 ··········083
宗教改革家——加尔文 ··········083
赎罪券 ················083
新教 ·················083
耶稣会的创立 ·············084

新航路的开辟
亨利王子的航海探险 ··········084
哥伦布发现新大陆 ···········084
达·伽马开辟新航路 ··········084
麦哲伦第一次全球航行 ·········085
德雷克 ················085
大航海时代 ··············085
新航路的开辟 ·············086

西方的崛起与殖民
西欧各国早期的殖民扩张 ·········086
《托尔德西里雅斯条约》 ·········087
西班牙"无敌舰队"的覆灭 ········087
东印度公司 ··············087
尼德兰革命 ··············087
英国入侵印度 ·············088
法国亨利四世改革 ···········088
胡格诺派 ···············088
三十年战争 ··············088

近 代 篇

英国的资产阶级革命与工业革命
圈地运动 ···············091
英国亨利八世的宗教改革 ·········091
清教运动 ···············091
伊丽莎白一世 ·············091
斯图亚特王朝 ·············092
查理一世 ···············092
苏格兰人民起义 ············092
克伦威尔 ···············093

目录
CONTENTS 8

马斯顿荒原之战 ·············· 093
新模范军 ·················· 093
英吉利共和国 ·············· 094
掘地派运动 ················ 094
航海条例 ·················· 094
三次英荷战争 ·············· 094
光荣革命 ·················· 095
《权利法案》 ·············· 095
资产阶级革命 ·············· 096
黑三角贸易 ················ 096
工业革命 ·················· 096
蒸汽机时代 ················ 097
珍妮纺纱机 ················ 097
亚当·斯密与《国富论》 ······ 097
史蒂芬孙与火车 ············ 098

法国的大革命
三级会议 ·················· 098
巴士底狱 ·················· 098
《人权宣言》 ·············· 098
法兰西第一共和国 ·········· 099
吉伦特派 ·················· 099
雅各宾派 ·················· 099
马拉被刺 ·················· 099
法国大革命 ················ 100
热月政变 ·················· 100
罗伯斯庇尔 ················ 101
督政府 ···················· 101
拿破仑 ···················· 101
雾月政变 ·················· 102
《法国民法典》的颁布 ········ 102
法兰西第一帝国 ············ 102
波旁王朝的衰弱与复辟 ······ 102
滑铁卢战役 ················ 103
神圣同盟 ·················· 103
七月革命与七月王朝 ········ 103

沙俄的统治
彼得大帝 ·················· 104
彼得一世改革 ·············· 104
北方战争 ·················· 105
圣彼得堡 ·················· 105
叶卡特琳娜一世 ············ 105
叶卡特琳娜二世 ············ 106
"叶氏"的"开明专制" ········ 106

北美独立战争与美国内战
波士顿倾茶事件 ············ 107

莱克星顿的枪声 ………………………107
大陆会议 ……………………………107
美国联邦制的形成 …………………108
华盛顿 ………………………………108
《独立宣言》 ………………………108
1787年美国宪法 ……………………109
《美利坚合众国宪法》 ……………109
本杰明·富兰克林 …………………109
西进运动 ……………………………109
门罗主义 ……………………………110
废奴运动 ……………………………110
种植园制度 …………………………110
旧金山 ………………………………111
美墨战争 ……………………………111
美国的两党制 ………………………111
美国南北战争 ………………………111
林肯 …………………………………112
马汉与海权论 ………………………112
美西战争 ……………………………112
大棒政策 ……………………………112

拉丁美洲的独立战争
海地革命 ……………………………113
委内瑞拉革命 ………………………113
巴西独立 ……………………………114
多洛雷斯呼声 ………………………114
阿根廷独立运动 ……………………114
大哥伦比亚共和国 …………………115
圣马丁远征秘鲁 ……………………115
阿亚库巧战役 ………………………115
玻利维亚的独立 ……………………116
古巴的独立战争 ……………………116
墨西哥的独立 ………………………116
巴拿马运河 …………………………117

17—19世纪的欧洲
法国投石党运动 ……………………117
路易十四 ……………………………117
启蒙运动 ……………………………118
普鲁士王国的兴起 …………………118
腓特烈二世 …………………………119
狄德罗与《百科全书》 ……………119
卢梭与《社会契约论》 ……………119
伏尔泰 ………………………………119
孟德斯鸠 ……………………………120
七月王朝 ……………………………120
法国里昂工人起义 …………………120
巴尔扎克与批判现实主义 …………121

目录
CONTENTS

10

空想社会主义 ……………………………………121
法国二月革命 ……………………………………121
法国六月起义 ……………………………………121
《巴黎和约》 ……………………………………122
第一国际 …………………………………………122
巴黎公社 …………………………………………122
法国工人党 ………………………………………123
英国宪章运动 ……………………………………123
英国的两党制 ……………………………………123
伦敦工人协会 ……………………………………124
芬尼运动 …………………………………………124
费边主义 …………………………………………124
维多利亚女王 ……………………………………124
剑桥大学 …………………………………………125
牛津大学 …………………………………………125
达尔文与进化论 …………………………………125
《共产党宣言》 …………………………………126
西里西亚纺织工人起义 …………………………126
容克 ………………………………………………126
1848 年德国革命 ………………………………126
铁血政策 …………………………………………127
黑格尔 ……………………………………………127
费尔巴哈 …………………………………………127
歌德 ………………………………………………128
海涅 ………………………………………………128
巴赫 ………………………………………………128
贝多芬 ……………………………………………128
奥匈帝国 …………………………………………129
普法战争 …………………………………………129
色当战役 …………………………………………129
施里芬计划 ………………………………………130
青年意大利党 ……………………………………130
加富尔 ……………………………………………130
红衫军 ……………………………………………130
意大利的统一 ……………………………………131
俄普奥三次瓜分波兰 ……………………………131
普加乔夫起义 ……………………………………132
俄土战争 …………………………………………132
维也纳会议 ………………………………………132
十二月党人起义 …………………………………132
俄罗斯帝国 ………………………………………133
克里米亚战争 ……………………………………133
俄国 1861 年改革 ………………………………133
劳动解放社 ………………………………………134
《火星报》 ………………………………………134
俄国 1905 年革命 ………………………………134
俄国二月革命 ……………………………………134
捷克斯洛伐克的民族解放运动 …………………135
西班牙王位继承战争 ……………………………135

17—19世纪的亚洲
大盐平八郎起义 ·············135
伏见鸟羽之战 ·············136
明治维新 ···············136
日俄战争 ···············136
《江华条约》 ·············137
兴宣大院君 ·············137
壬午兵变 ···············137
甲午农民战争 ·············137
印度民族起义 ·············138
詹西女王 ···············138
印度国大党 ·············138
泰戈尔与印度近代文学 ·······138
爪哇人民大起义 ···········139
奥斯曼帝国的衰败 ·········139
法国入侵越南 ·············139
越南勤王运动 ·············139

17—19世纪的非洲
蒙巴萨反抗殖民统治 ·······140
黑奴贸易的兴起 ···········140
埃及穆罕默德·阿里改革 ·····140
利比里亚的独立 ···········141
阿拉比抗英 ·············141
马赫迪起义 ·············141
英布战争 ···············142

现 代 篇

第一次世界大战
萨拉热窝事件 ·············145
巴尔干战争 ·············145
三国同盟 ···············145
三国协约 ···············146
第一次世界大战 ···········146
施里芬计划的破产 ·········146
马恩河战役 ·············147
索姆河战役 ·············147
凡尔登战役 ·············147
日德兰大海战 ·············147
巴黎和会 ···············148
《凡尔赛和约》 ···········148
国际联盟的建立 ···········148
华盛顿会议 ·············148

"一战"后的资本主义世界
美国限制移民 ·············149

目 录
CONTENTS
12

海军军备竞赛 ························149
凡尔赛——华盛顿体系 ············149
德国十一月革命 ··················150
魏玛共和国 ······················150
李卜克内西与卢森堡 ··············150
共产国际 ························151
阿姆利则惨案 ····················151
匈牙利苏维埃共和国的成立 ········151
爱尔兰自治 ······················151
《色佛尔条约》 ··················152
道威斯计划 ······················152
洛桑会议 ························152
洛迦诺会议 ······················152
杨格计划 ························153
柯立芝繁荣 ······················153
罗斯福新政 ······················153
乔伊斯与《尤利西斯》 ············154
卓别林 ··························154
奥斯卡金像奖 ····················155
弗洛伊德与《梦的解析》 ··········155

"十月革命"与苏联的成立
布尔什维克的成立 ················155
《四月提纲》 ····················155
十月革命 ························156
苏维埃国内战争 ··················156
《布列斯特和约》 ················156
新经济政策 ······················157
苏联的成立 ······················157
苏联工业化模式 ··················157
1936年苏联宪法 ··················158
匈牙利苏维埃共和国 ··············158

亚非拉民族独立与革命运动
日本米骚动 ······················158
朝鲜三一人民起义 ················159
祖国光复会 ······················159
印度非暴力不合作运动 ············159
哈里发运动 ······················159
土耳其革命 ······················160
阿富汗的独立 ····················160
埃及的独立运动 ··················160
阿根廷"血腥的一周" ············161
巴西瓦加斯改革运动 ··············161
智利人民阵线的成立 ··············161

20世纪初的世界危机
鲁尔危机 ························162

英国"红色星期五" ·············· 162
"黑色星期二" ·················· 162
大萧条 ······················ 163
纳粹党 ······················ 163
啤酒店暴动 ···················· 163
国会纵火案 ···················· 164
盖世太保 ······················ 164
法西斯 ························ 164
日本"二·二六"事件 ············ 165
美国中立法 ···················· 165
柏林——罗马轴心协定 ············ 165
西班牙内战 ···················· 166
马德里保卫战 ·················· 166
苏台德危机 ···················· 166
慕尼黑阴谋 ···················· 166

第二次世界大战
德军突袭波兰 ·················· 167
《苏德互不侵犯条约》 ············ 167
国际反法西斯联盟的建立 ·········· 167
马其诺防线 ···················· 168
自由法国运动 ·················· 168
敦刻尔克大撤退 ················ 169
不列颠空战 ···················· 169
大西洋宪章 ···················· 169
日军偷袭珍珠港 ················ 170
莫斯科保卫战 ·················· 170
太平洋战争 ···················· 170
斯大林格勒保卫战 ·············· 171
中途岛海战 ···················· 171
阿拉曼战役 ···················· 172
库尔斯克会战 ·················· 172
开罗会议及《开罗宣言》 ·········· 172
德黑兰会议 ···················· 173
诺曼底登陆 ···················· 173
奥斯威辛集中营 ················ 173
"红色间谍"佐尔格 ·············· 173
雅尔塔会议 ···················· 174
波茨坦会议与《波茨坦公告》 ······ 174
原子弹的使用 ·················· 174
日本无条件投降 ················ 175
纽伦堡审判 ···················· 175
联合国的成立 ·················· 175

当 代 篇

冷战下的两极格局
法兰西第四共和国 ·············· 179

目 录
CONTENTS

14

杜鲁门主义 ·················179
马歇尔计划 ·················179
麦卡锡主义 ·················179
北大西洋公约组织 ···········180
华沙条约组织 ···············180
布鲁塞尔条约 ···············180
美苏"厨房辩论" ············181
日内瓦会议 ·················181
第三世界的盛会——万隆会议 ···181
法兰西共同体 ···············181
欧洲经济共同体 ·············182
古巴导弹危机 ···············182
肯尼迪遇刺 ·················182
柏林危机 ···················182
波兹南事件 ·················183
匈牙利事件 ·················183
苏伊士运河之争 ·············183
戴高乐主义 ·················183
法国五月风暴 ···············183
布拉格之春 ·················184
《七七宪章》运动 ···········184
勃兰特与新东方政策 ·········184
水门事件 ···················185
美军入侵格林纳达 ···········185
"星球大战计划" ············185

和平的隐忧
印巴分治 ···················186
中东战争 ···················186
越南战争 ···················186
洛克比空难 ·················187
马岛战争 ···················187
海湾战争 ···················187
波黑战争 ···················188
科索沃战争 ·················188
"9·11"恐怖袭击 ···········188

世界多极化的格局
南南合作 ···················189
不结盟运动 ·················189
77国集团 ··················189
石油输出国组织 ·············189
欧洲安全与合作会议 ·········190
欧洲安全与合作组织 ·········190
德国的统一 ·················190
欧洲联盟 ···················191
世界贸易组织 ···············191

古 代 篇

人类历史的起源

远古的足音

灿烂的尼罗河流域

绚丽的印度河流域

苏美尔的古国文明

古巴比伦的足迹

远古的帝国

腓尼基文明

赫梯与古巴勒斯坦

古代日本

古代美洲文明

爱琴海文明

古希腊文明

古罗马文明

人类历史的起源

● 人类起源的十大经典神话

犹太教和基督教共同的神话：亚当和夏娃；希腊神话：天神之争；印度神话：宇宙论与梵天；日本神话：地球是个孤岛；中国神话：盘古开天和女娲造人；墨西哥神话：阿兹特克族神话；埃及神话：世界开始于混沌状态；巴比伦神话：魔力女神死后造就天与地；远古波斯信仰：拜火教神话；挪威神话：巨人始祖之死创造万物。

● 科学的人类起源

自从达尔文创立生物进化论后，多数人相信人类是生物进化的产物，现代人和现代类人猿有着共同的祖先。但是，人类这一支系是何时、何地从共同祖先这一总干上分离开来的？什么是他们分离开的标志？原始人类又是何时、何地转化为"真人"的？对于这一系列的疑问，古人类学家一直在努力寻找正确的回答。多数古人类学家认为，"真人"是以制造工具为标志，其出现以前的人类祖先，科学家们称其为"前人"。直立是"前人"从人猿共祖主干上分离的形态学标志，其从主干分离的地区可谓人类最早的摇篮。"真人"不断演化发展，最后成为现代人，同时形成现代不同的人种，这个进化过程完成的地区便是人类演化最后的摇篮。

● 早期猿人

人类发展最初阶段的代表，包括生活于更新世早期或更早期（距今约180万—250万年）的人类，其基本特点是能够直立行走，并能制造简单的砾石工具，脑容量亦较大，其形态特征与南方古猿仍有许多近似之处。目前，归属这一类的有奥杜威的"能人"，还有以肯尼亚1470号头骨命名的鲁道夫人。

● 晚期猿人

人类发展第二阶段的代表，生活于早更新世至中更新世（距今约20

万—180万年)，中国习惯上称为猿人，能两足直立行走、制造工具、使用火。晚期猿人化石分布于亚洲、非洲、欧洲等地。

● 尼安德特人

尼安德特人（又译尼安德塔人），距今约3万—12万年前冰河时期居住在欧洲及西亚的人种，性格温顺。根据最新的考古发现，现代人并不是尼安德塔人的一种，就是说，尼安德塔人和现代人不同种，是与现代人形成种系平行的系群。

● 克鲁马农人

距今3万年前，欧洲大陆上出现了一种寿命不长（平均寿命不超过40岁）、智慧较高的早期人类——克鲁马农人，其属于晚期智人。根据克鲁马农人的肢骨估计，其身长1.82米，体格强壮，肩宽胸厚，前臂骨比肱骨长。克鲁马农人行走时已经能完全直立，动作迅速灵活，四肢发达，手极富技巧，适于雕刻和绘画。现代的欧洲白种人就是由克鲁马农人发展而来的。

远古的足音

● 人工取火

早在旧石器时代，人类已经发现了火的用途。人类从自然界的雷击、山火等处获得火种，学会用火来烧烤猎物、块根，开始饮用熟食；学会用火来御寒取暖、驱暗照明，大大扩展了人类活动的时间和空间。

到了旧石器时代后期，人类掌握了人工取火的方法。在德国杜塞尔多夫附近的尼安德特人遗址中，发现了用敲击燧石的方法进行人工取火的遗迹。这样，火就成为人类随时可利用的战胜自然、改造自然的武器。

● 语言的产生

语言是伴随着人类的发展而形成的，是在劳动和生活中产生的。语言自从形成之初，不同部落、不同人群之间就存在着差别。在生活和劳动中，同一或相邻地区的人群中，对各种各样的食物、感情的表达方式日趋接近，其发音的声带振动方式也逐渐趋向一致，并被一代代流传下来，从而形成了不同的语系。

● 弓箭的发明

古代以弓发射箭的一种远射兵器。弓由弹性的弓臂和有韧性的弓弦构成，箭包括箭头、箭杆和箭羽。箭头为铜或铁质，杆为竹或木质，羽为雕或鹰的羽毛。

英国人皮特·里费斯按弓体构造，将世界各民族的弓区分为单体弓、加强弓（又称合成弓、背衬弓或叠片弓）、复合弓三种。制弓术的一般演进道路是由单体到加强再到复合。在东亚、西亚和欧亚草原地区，都是按照这个顺序发展的，当然也有例外，欧洲大部分地区就长期使用单体弓。

至于箭，本名"矢"，后因制作箭杆的箭竹而得名。飘泊于大草原的游牧民族所制造的箭，大部分箭镞有针，有别于在欧洲有套的箭镞。箭杆通常用芦苇杆或竹子来制造，白桦木及山茱萸木亦是制造箭杆的材料。箭羽会用水鸟的羽毛来制造，例如鹅及鸭的羽毛都是上佳的材料。箭杆有2—4片箭羽，使箭飞行时更稳定。

● 旧石器时代

距今约1万—250万年，以使用打制石器为标志的人类物质文化发展阶段，地质年代属于上新世晚期更新世。其时期划分一般为：旧石器时代早期、中期和晚期，大体上相当于人类体质进化的能人和直立人阶段、早期智人阶段、晚期智人阶段。旧石器时代的文化在世界范围内分布广泛。由于地域和时代不同，以及发展的不平衡性，各地区的文化面貌存在着相当大的差异。

● 血缘家族

血缘家族是伴随着人类的完全形成而出现的，相当于旧石器时代的早期和中期。这种家族形式排斥了母子父女之间的性关系，使人类逐渐避免因原始群乱婚所造成的人口繁殖能力和体质低下现象的延续，和原始群的杂婚相比，这种婚姻形态无疑是一大进步。在血缘婚阶段，一个血缘家族就是一个生产单位和经济共同体。在它的内部，两性间的社会分工已经开始，人与人之间的关系是平等的，人们集体生产，共同消费，因而血缘家族是氏族社会产生的基础。

● 氏族公社

原始社会的基本单位，以生产资料公有制为基础、以血缘纽带和血统世系相联结的社会组织形式。曾普遍存在于世界各地的原始社会中，是人类社会发展的必经阶段。氏族公社经历母系氏族公社和父系氏族公社两个阶段。生产资料的氏族占有制是氏族社会生产关系的基础，氏族成员地位平等，无阶级、无剥削。氏族有自己的名称、共同的宗教节日和墓地。随着私有制和阶级的产生，氏族公社逐渐解体。

● 新石器时代

距今约2000—5000年，以使用磨制石器为标志的人类物质文化发展阶段，地质年代属于全新世，继旧石器时代之后，或经过中石器时代的过渡而发展起来，属于石器时代的后期。西亚、北非和欧洲的新石器时代发展较早，考古研究也较深入。这里是农业起源最早的地区，以后又最早出现金属器、最早进入文明时代，因而在世界文化史上占有很重要的地位。

● 原始农业

在原始的自然条件下，采用简陋的石器、棍棒等生产工具，从事简单农事活动的农业，也是以使用石器工具为主的从事简单活动的农业。大体上始于新石器时代，系由采集、狩猎逐步过渡而来的一种近似自然状态的农业，属世界农业发展的最初阶段。其基本特征是使用简陋的石制工具，采用粗放的刀耕火种的耕作方法，实行以简单协作为主的集体劳动。原始农业之前，采集和狩猎是人类获得生活资料的主要方式。随着生产工具的改进和生产经验的积累，人类逐渐了解一些动植物的生活习性，并采取措施栽培植物和驯养动物，开始了靠人类的劳动来增加天然生产物的时期，从而产生了原始农业。这是人类经济史上的第一次重大革命。

● 母系社会

母系社会又称母系氏族制，到母系氏族制后期，现代人形成，属于新石器早期。从简单的分工中不难看出，妇女从事的采集比男子从事的狩猎具有相对稳定的性质，是可靠的生活来源，是氏族组织中的重要成员，其活动是为了氏族集体的利益，对维系氏族的生存和繁殖都起着极为重要的作用。

● 父系社会

随着社会生产力的发展和男子在生产部门中突出地位的出现，原来男女在氏族中的地位发生重大变化，男子开始占据主导地位。父系氏族时代的社会生产力水平比以往有较大的提高。父系氏族制形成后，私有制的萌芽产生，在贫富分化加剧的情况下，阶级对立出现，由此进一步导致原始社会解体，国家开始产生。

● 三次社会大分工

第一次社会大分工指畜牧业从农业中分离出来，即：原始社会晚期因为生产力发展使农业从社会其余野蛮民族中分离出来的过程。由于各部落的产品不尽相同，因而第一次社会大分工为经常性交换创造了条件。

第二次社会大分工指手工业和农业之间的分离。随着铜器、青铜器和铁器的应用，开始出现大面积的农田耕作和伐林垦荒。第二次社会大分工还促进了城市的出现，手工业和农业的相分离，出现了直接以交换为目的的商品生产。

第三次社会大分工指原始社会晚期商人阶层的产生。第三次社会大分工首先在商品交换最为发达的地区出现，交换的不断发展和扩大，使商品生产出现并发展，又反过来促进了交换的进一步发展。

● 私有制的产生

随着生产的发展，剩余产品增多，私有现象出现。此后，在个体家庭和个人生产能力提高、社会分工和交换扩大的情况下，一小部分人，特别是氏族部落首领获得了更多的私有财产，私有制便日益发展起来。

这种分化现象，在产品交换、部落战争中不断扩大，从而加速了原始公有制的崩溃。私有制的出现代表了社会进步，同时推动了原始社会向奴隶社会的过渡。

● 军事民主制

古希腊部落及其联盟的组织机构，包括：议事会（由氏族长老组成）、人民大会（由氏族成年男子组成），其军事首长（巴塞勒斯），尚不享有阶级社会中制王的权力。古罗马人、日耳曼人、西徐亚人（斯基泰人）等种族，一般均经历过军事民主制。历史学上有时也指原始社会向阶级社会过渡的一个阶段。

● 国家的产生

在国家出现之前，人类社会处于原始社会状态。在物质资料生产水平低下时，以血缘关系为纽带的氏族制度，成为国家产生以前对社会进行管理的基本社会制度。随着物质资料生产的发展，人们在物质资料生产过程中结成的生产关系逐渐代替了血缘关系，使社会结构发生了根本变化。新的社会制度取代了由血缘关系决定的氏族制度，这就是具有公共权力的国家制度。

灿烂的尼罗河流域

● 尼罗河文明

尼罗河文明即古埃及文明，产生于公元前3000年。古埃及文明最具代表性的是金字塔、木乃伊、宗教和象形文字。古埃及是世界文明的发源地之一，古埃及人民在文字、历法、艺术、科技知识方面对西亚和欧洲曾有过相当深远的影响，对人类的进步做出了不可磨灭的贡献。

尼罗河流域与两河流域不同，它的西面是利比亚沙漠，东面是阿拉伯沙漠，南面是努比亚沙漠和飞流直泻的大瀑布，北面是三角洲地区没有港湾的海岸。在这些自然屏障的怀抱中，古埃及人可以安全地栖息，无需担心遭受蛮族的入侵。在古代埃及，农业始终是最主要的社会经济基础。尼罗河每年的泛滥可以预知且起势平缓，从而助长了古代埃及人的自信和乐观，他们更是将尼罗河视为"母亲河"。

● 古埃及王国

从公元前约3000年美尼斯统一开始，古埃及进入了前王国时期，到公元前332年亚历山大大帝征服埃及为止，古埃及王国共经历了古王国、中王国、新王国等几个时代，共31个王朝，其间虽然经历过内部动乱和短暂的外族入侵，但总体来说政治状况比较稳定。

● 古埃及的最高统治者——法老

古埃及君主的尊称，是埃及语的希伯来文音译，其象形文字意为"大房屋"。在古王国时代（约公元前2686—前2181年）仅指王宫，并不涉及国王本身。从新王国时代第十八王朝图特摩斯三世起，开始用于国王自身，并逐渐演变成对国王的一种尊称，第二十二王朝（公元前945—前730年）以后，成为国王的正式头衔，习惯上将古埃及的国王通称为法老。法老作为奴隶制专制君主，掌握全国的军政、司法、宗教大权，其意志就是法律，是古埃及的最高统治者。

● 埃及的太阳历

公历最早的源头，可以追溯到古埃及的太阳历。7000年前，由于计算尼罗河泛滥周期的需要，产生了古埃及的天文学和太阳历。最初，一年定为360天，后来改为365天，这就是世界上第一个太阳历。后来，他们又根据尼罗河泛滥和农业生产的情况，把一年分为三季——洪水季、冬季和夏季，每季4个月，每月30天，每月10天一大周，5天一小周，全年12个月，另加5天在年尾，为年终祭祀日。这种以365天为一年的历年，是由于观测天狼星定出来的，所以又称为天狼星年。

● 卡纳克神庙

埃及中王国及新王国时期首都底比斯的一部分，太阳神阿蒙神的崇拜中心，古埃及最大的神庙所在地，位于开罗以南700公里处的尼罗河东岸。由于中王国和新王国各朝都是从底比斯起家而统治全国的，底比斯的地方神阿蒙神被当作王权的保护神，成为埃及众神中最重要的一位。

● 神秘的金字塔

埃及金字塔是埃及古代奴隶社会的方锥形帝王陵墓，世界八大建筑奇迹之一。目前，埃及共发现96座金字塔，最大的是开罗郊区吉萨的三座金字塔。大金字塔是第四王朝第二个法老胡夫的陵墓，建于公元前2690年左右，原高146.5米，因年久风化，顶端剥落10米，现高136.5米，底座每边长230余米，三角面斜度52度，塔底面积5.29万平方米，塔身由230万块石头砌成，每块石头平均重2.5吨。有学者估计，如果把这些石头凿碎，铺成一条一尺宽的道路，大约可以绕地球一周。

● 木乃伊

一种干枯不腐烂的尸体，又称人工干尸，源自波斯语，意为"沥青"。古埃及人笃信人死亡后，其灵魂不会消亡，仍会依附在尸体或雕像上，所以法老死后均被制成木乃伊。作为让死者永生而用香油、药料涂抹尸体防腐的方法，以古埃及的木乃伊最为著名。

● 斯芬克斯之谜——狮身人面像

除金字塔之外，最能作为埃及象征的就数守卫于三大金字塔之下的狮身人面像——斯芬克斯了。传统观点认为，狮身人面像是在4500年前由法老哈拉按自己的面貌所建，而其他传说也提到，早在胡夫法老统治的时期，狮身人面像就已经存在了。学者们从各个方面对狮身人面像展开研究，其真正建造时间大约在7000—9000年前。

● 阿赫那顿改革

阿赫那顿，埃及第十八王朝后期的一位法老，公元前14世纪中期在位。公元前1370年即位的法老阿蒙霍特普四世，出于宗教和政治两方面的原因，发动了一次宗教革命，在埃及实施一神教，下令只能崇拜日神阿顿，并且自己改名为"阿赫那顿"（意为阿顿的侍奉者）。在阿赫那顿的倡导下，古埃及艺术史发生了翻天覆地的变化。由于不再将法老视为神，因而制作其雕像就不用再为清规戒律所限制，艺术家可以如实地描绘其相貌特征、气质和性格。

● 埃及的奴隶制

奴隶一般来源于战俘、被占领地区原住民、负债者和罪犯。奴隶制一般出现在农业社会里。古埃及使用战俘和从国外购买奴隶。埃及的土地是由那些将自己的部分农作物上缴给法老的自由农民所耕种的。一位历史学家记载道，这些农民"处于仅仅比衣不蔽体和食不果腹的稍稍好一点的状态而已"。所有战俘都被认为是法老财产的一部分而不准卖给普通公民。然而，有记载表明，法老还是将奴隶赏赐给他的一些将军们。

● 埃及艳后——克娄巴特拉

古埃及托勒密王朝的最后一任法老，她才貌出众，聪颖机智，擅长手腕，心怀叵测，一生富有戏剧性。有人说，克娄巴特拉是"尼罗河的花蛇"；有人说，克娄巴特拉是世界上所有诗人的情妇；罗马人对她痛恨不已，因为她差一点让罗马变成埃及的一个行省；埃及人称颂她是勇士，因为她为弱小的埃及赢得了22年的和平。公元前30年，屋大维进攻埃及，克娄巴特拉自杀身亡，埃及并入罗马，古埃及文明从此走向终结。

绚丽的印度河流域

● 哈拉巴文化

印度是地球上屈指可数的几大人类文明发源地之一。在古代印度，曾先后出现几个文明。距今4000多年前，以印度河流域为中心，在西起伊朗边境、东近德里、北及喜马拉雅山麓、南临阿拉伯海的土地上，兴起了一个高度发展的文明：大量用火砖盖起的房屋、规划严整的城市建设、先进的供水系统和排水系统、2500多枚刻有文字图形和其他图形的印章，足可称为古代世界面积最广的青铜文化。这一文化以南部的摩亨佐·达罗和北部的哈拉巴为中心，习惯上称为哈拉巴文化。可以肯定，其文明昌盛期已进入奴隶制发展阶段，与同期的埃及、两河流域水平相当。

● 雅利安人

公元前3000年，雅利安人还是一个部落联盟，其生产力发展已进入铜器和青铜器时代，他们本来就是一个游牧部落，所以畜牧业在他们的经济生活中占有重要地位，而其社会组织形态尚处于父系氏族部落和军事民主制时期。为了寻找新的水源和牧场，雅利安人开始不断向外迁徙，向西进入欧洲大部分地区，向东深入欧亚的腹地，向南则进入西亚和南亚，在人类历史上形成了规模巨大的世界性游牧部落迁徙浪潮。

● 种姓制度

以印度为主的南亚各国印度教居民中存在的一种彼此严格区分的社会等级或集团制度。随着雅利安人的社会分化，种姓制已逐渐形成为一种社会体系。第一等级的婆罗门，独揽宗教事务，形成专门的祭司阶级（有些婆罗门还参与政事）。第二等级的刹帝利，是掌握军政大权的武士阶级。第三等级的吠舍，是雅利安人的平民大众，从事农业、畜牧业和商业等活动。第四等级的首陀罗，是被征服的土著居民，但也有贫困的雅利安人，他们是被压迫、遭奴役、受歧视的无权居民等级，从事手工业和农牧业，其中大多数是奴隶。

● 婆罗门教

婆罗门教是印度古代宗教之一，起源于公元前2000年的吠陀教，形成于公元前7世纪，鼎盛于公元前6世纪，衰落于4世纪。婆罗门教信奉吠陀思想，通过婆罗门的无限权威——透过祭祀，使人和神可以直接沟通；人们崇尚自然、歌咏自然，尤其崇拜神格化的自然神：梵天、毗湿奴和湿婆神。人们之所以崇拜他们，是因为三大主神各司其职，共同主宰宇宙的一切，主宰人类的命运，所以人们只能服从神的权力，崇拜主神赐给人们的生活，而严格遵循既有之不平等的种姓制度，受限于神权宗教的思想之下。

● 《奥义书》

印度最经典的古老哲学著作，用散文或韵文阐发印度教最古老的吠陀文献的思辨著作。现在已知的《奥义书》约有108种之多，记载印度教历代大师和圣人的观点。《奥义书》在很大程度上成为后来印度哲学的基础。在哲学方面，《奥义书》特别注重实在的性质，使得独一至高存在本体的概念逐渐形成，是以知识为求得并与之融合为一的途径。

● 摩羯陀国

又作摩揭陀国、摩伽陀国、摩竭陀国、摩竭提国、默竭陀国、默竭提国、摩诃陀国，意为无害国、不恶处国、致甘露处国、善胜国，为佛陀住世时印度十六大国之一。位于今印度南比哈尔的地方，以巴特那（华氏城）、佛陀伽耶为中心。此国与佛教之关系甚深。据《大唐西域记》（卷八）记载，"摩揭陀国周广五千余里，土地肥沃，风俗淳朴，崇尚佛法，有伽蓝五十余所，僧徒万余人，多宗习大乘教法"。华氏城附近有阿育王塔、佛足石、鸡园寺旧址、佛苦行处、三迦叶归佛处等著名佛教遗迹。

● 孔雀帝国

公元前324年，旃陀罗崛多领导印度河流域人民推翻了希腊侵略者的统治，建立了统一的王朝，因新国王出身于一个饲养孔雀的农民家族中，故称这个王朝为孔雀王朝，又称孔雀帝国。孔雀王朝基本上是一个统一的奴隶制帝国。孔雀王朝时期，生产力有进一步的提高。铁器的制造和使用已经很普遍，农业灌溉也发展起来，各地开凿了沟渠、水井和池塘。手工业也有发展，出现了一些以棉纺织品著称的地区。

● 阿育王

阿育王（音译阿输迦，意译无忧，故又称无忧王，约公元前304—前232年）是印度孔雀王朝的第三代君主，频头娑罗王之子，是印度历史上最伟大的一位君王。他一生的业绩可以分成两个部分，前半生是"黑阿育王"时代，其主要通过奋斗巩固王位和通过武力基本统一印度；后半生是"白阿育王"时代，其在全国努力推广佛教，终于促成了这一世界性宗教的繁荣。其统治时期成为古代印度历史上空前强盛的时代。阿育王是一位佛教徒，后来成为佛教的护法，使佛教成为国教，并没有迫害其他教派，相反对婆罗门教和耆那教也予以慷慨捐助。由于阿育王强调宽容和非暴力主义，他在民众的欢呼声中统治了长达41年的时间。

● 释迦牟尼与佛教的产生

佛教，世界三大宗教之一，由公元前6—公元前5世纪古印度的迦毗罗卫国（今尼泊尔境内）王子所创，他的名字是悉达多，姓氏为乔达摩，因其属于释迦族，人们又称他为释迦牟尼，意思是释迦族的圣人。佛教广泛流传于亚洲的许多国家，东汉时自西向东传入中国。

苏美尔的古国文明

● 阿卡德王国

古代西亚两河流域南部塞姆语系的阿卡德人奴隶制国家。阿卡德人属于闪米特人的一支，非苏美尔人。公元前2500年前后，阿卡德人进入两河流域时，苏美尔城邦文明已经进入尾声，各城邦之间斗争异常激烈。约在公元前2371年，阿卡德王萨尔贡统一了苏美尔地区，建立了君主制的集权国家，定都阿卡德，即后来的巴比伦城。

● 乌尔第三王朝

阿卡德王国后期，中央集权已经趋于崩溃，蛮族库提人入侵并摧毁了阿卡德王国，但乌鲁克城邦的国王乌图赫加尔却赶走了库提人。乌图赫加尔让乌尔纳姆镇守乌尔城。公元前约2113年，乌尔纳姆在乌尔建都，统一了美索不达米亚，建立了乌尔第三王朝（公元前2111—前2003年），在位期间称霸美索不达米亚南部诸城邦，乌尔纳姆开始自称"苏美尔和阿卡德之王"。

● 《乌尔纳姆法典》

历史上最早的一部成文法典，是古代西亚乌尔第三王朝（公元前2111—前2003年）创始者乌尔纳姆颁布的。该法典适应奴隶制的发展，主要用来保护奴隶占有和私有制经济，镇压奴隶和贫民的反抗。这部法典大部损坏，现只剩残片。

● 苏美尔的泥版文字

苏美尔人用削成三角形的芦苇秆或骨棒、木棒当笔，在潮湿的黏土制作的泥版上写字，为了长久保存泥版，需要把它晾干后再进行烧制。这种烧制的泥版文书不怕被虫蛀，也不会腐烂，但美中不足的是，泥版很笨重，每块重约1000克，每看一块都要费力地搬来搬去。到现在，发掘出来的泥版，共有近100万块，最大的有2.7米长、1.95米宽，可谓是巨书。

● 楔形文字

苏美尔文明的独创，最能反映出苏美尔文明的特征。公元前3100年，苏美尔人就开始使用这种文字，是至今为止被发现的最古老的文字之一，也是两河流域最主要的文化成就。

楔形文字也称"钉头文字"或"箭头字"。古代西亚所用文字，大多刻写在石头和泥版上，笔画成楔状，颇像钉头或箭头。楔形字原来是从上至下直行书写，后来改为从左至右横行书写，于是全部楔形符号转了90度，从直立变成横卧。苏美尔楔形字有意符和音符，经过巴比伦人、亚述人、阿拉米人的使用和改造，成为一种半音节文字，对西亚许多民族语言文字的形成和发展产生了重要影响，在字母发展史上有所贡献。

● 太阴历

两河流域的人们通过观察月亮阴晴圆缺的变化，编制了太阴历。他们规定7天为一星期，每天各有一位星神值班，从星期天到星期六分别是：太阳神、月神、火星神、水星神、木星神、金星神、土星神。我们现在使用的7天一星期的制度就是由此演变过来的。

● 苏美尔人的技术和数学

苏美尔人的技术有：轮、锯、皮革、镯子、锤子、鞍、钉子、大头针、指环、铲子、釜、刀、长矛、箭、剑、胶、匕首、袋子、头盔、船、盔甲、箭桶、剑鞘、靴子、拖鞋、叉和酿酒。苏美尔人的数学有：分数、加减乘除四则运算、解一元二次方程、发明了10进位法和16进位法。他们把圆分为360度，并知道π近似于3，甚至会计算不规则多边形的面积及一些锥体的体积。

古巴比伦的足迹

● 古巴比伦文明

两河流域文明的重要组成部分。人类最早的奴隶制国家大约于公元前3500年产生于两河流域，古巴比伦是人们已知的历史最悠久的古代东方国家之一。据历史学者推断，约在公元前4000年，居住在这一带的苏美尔人已有较为发达的文化，不仅发明了文字，而且发明了用于书写文字的泥板书。公元前3500年以后，苏美尔人在两河流域南部建立起很多奴隶制小国。苏美尔衰落后，古巴比伦城邦兴起。

● 古巴比伦王国

历史上将古巴比伦分为古巴比伦王国和新巴比伦王国。公元前19世纪中期，由阿摩利人灭掉苏美尔人的乌尔第三王朝建立了以巴比伦城为首都的古巴比伦王国。古巴比伦王国是美索不达米亚南部奴隶制城邦，以巴比伦城为中心。

新巴比伦王国由迦勒底人建立（迦勒底人是闪米特人的一支）。迦勒底人领袖那波帕拉萨率军驻守巴比伦，发动反对亚述统治的起义，建立新巴比伦王国。公元前612年，亚述帝国灭亡，新巴比伦王国分取了亚述帝国的半壁河山，即两河流域南部、叙利亚、巴勒斯坦及腓尼基，重建新巴比伦王国（公元前626—前538年），也称迦勒底王国。

● "巴比伦之囚"

公元前10世纪，大卫的儿子所罗门死后不久，以色列·犹太王国分裂，北部为以色列王国，建都撒马利亚；南部为犹太王国，仍旧以耶路撒冷为首都。

公元前597—前538年，犹太王国数次被新巴比伦王国、古埃及、波斯帝国、亚历山大帝国、西罗马征服过，尤其是新巴比伦王国国王尼布甲尼撒二世于公元前597、586年，两次攻占耶路撒冷，灭亡了犹太王国。他下令把犹太人中所有的王室贵族、祭司、商贾、工匠、民众一律作为俘虏，成群结队地押解到巴比伦城，只剩下一些极贫苦的人留在耶路撒冷修理葡萄园、耕种田地，这就是犹太历史上的"巴比伦之囚"。

公元前538年，波斯国王居鲁士灭巴比伦后，被囚掳的犹太人才获准返回家园。这段历史对犹太教改革产生了巨大影响。

● 两河流域的天文历法

两河文明的历法很有特色。在苏美尔阿卡德时代，制定了太阴历，以月亮的阴晴圆缺作为计时标准，计定每个月29或30天，12个月为1年（6个月为29天，6个月为30天），每年354天，并发明闰月，通过置闰月的办法来调整，后来先后有8年3闰和27年10闰的规定，并把1小时分为60分。在亚述时期，确定了今天星期的名称和7天1周的规定。在天文学方面，已经能够区别恒星和五大行星，并观察到黄道。

● 新巴比伦的建立

新巴比伦王国又称迦勒底王国，大约处于古代美索不达米亚南部，古代西亚两河流域奴隶制国家，系由居住在两河流域南部的迦勒底人首领那波帕拉萨于公元前626年所建，公元前539年为波斯帝国灭亡。

●《汉莫拉比法典》

目前所知的世界上第一部比较完整的成文法典，但不是最早的，最早的叫《乌尔纳姆法典》。法典竭力维护不平等的社会等级制度和奴隶主贵族的利益，比较全面地反映了古巴比伦社会的情况。法典分为序言、正文和结语三部分。正文共有282条，内容包括诉讼程序、保护私产、租佃、债务、高利贷和婚姻家庭等部分。

远古的帝国

● 波斯帝国

公元前550年，居鲁士率领波斯各部落推翻米堤亚王国，建阿契美尼德王朝，定都苏萨，是为波斯帝国之始，继而向外扩张，征服小亚细亚、两河流域、叙利亚等地，又向东占领大夏（巴克特里亚）、粟特等地；冈比西即位后，于公元前525年率兵征服埃及；大流士一世镇压高墨达政变和各地起义，夺得政权，实行巩固中央集权的改革，并继续扩张领土，使帝国疆域东起印度河、西至爱琴海及非洲东北部；公元前333年，大流士三世被马其顿亚历山大大帝彻底打败，波斯帝国灭亡。

● 大流士一世改革

波斯王国从部落联盟一跃而成为世界上领土空前辽阔的奴隶制大帝国，其兴盛的原因是与大流士一世的改革密不可分的。大流士的改革，在客观上促进了各地经济的联系和贸易的发展，加强中央集权和军事专制、修筑驿道、开通运河、统一度量衡、改革币制等多项措施都起到了积极的作用。改革后建立起来的中央集权制和行省制，使全帝国范围内能维持比较稳定的统治，这有利于经济文化的交流，具有积极的性质。

● 亚述帝国

古代西亚奴隶制国家，位于底格里斯河中游，公元前3000年，属于闪米特族的亚述人在此建立亚述尔城，后逐渐形成贵族专制的奴隶制城邦；公元前19—前18世纪发展成为王国，版图南及阿卡德，西达地中海；公元前15世纪建立君主专制，向外扩张，北进亚美尼亚，以至黑海沿岸，西侵叙利亚和腓尼基，南至巴比伦；公元前8—前7世纪，新亚述时期版图北起乌拉尔图、东南兼及埃兰、西抵地中海岸、西南到埃及北界，建都尼尼微，形成西亚古代军事强国。

● 贵霜帝国

由被大月氏征服的大夏贵霜部落建立。公元前140年，月氏人南下到大夏，当时月氏人有5个部落，每个部落有一个酋长，称为翕侯。公元前1世纪初，5个翕侯中的贵霜翕侯丘就却（约16—65年）消灭其他翕侯，统一5个部落，建立起贵霜国家，后南下攻击喀布尔河流域和今克什米尔地区，定都为高附（今喀布尔），初步奠定了帝国的基础，版图东起巴特那，西达赫拉特，南至纳巴达河，北尽咸海。

腓尼基文明

● 航海的民族——腓尼基人

人类历史上一个古老的民族，自称为闪美特人，又称闪族人。生活在今天地中海东岸相当于今天的黎巴嫩和叙利亚沿海一带，他们曾经建立过一个高度文明的古代国家，公元前10—前8世纪是腓尼基城邦的繁荣时期。腓尼基人是古代世界最著名的航海家和商人，他们驾驶着狭长的船只踏遍地中海的每一个角落，地中海沿岸的每个港口都能见到腓尼基商人的踪影。

● 腓尼基文字

今天我们熟悉的26个英文字母，源头是腓尼基人的22个字母。他们发明了一个大大优越于旧文字的新文字系统，借用古埃及人的几个象形文字，并简化苏美尔人的若干楔形文字，为便于书写，迅速舍弃掉旧文字系统的美观字样，终于把数千个不同图像变为简单而书写便利的22个字母。这22个字母渡过爱琴海传入希腊，希腊人又增添了几个自己的字母，并把这种经过改进的文字系统传入意大利，古罗马人稍微改动字型后又把它们教给了西欧未开化的族群。

赫梯与古巴勒斯坦

● 赫梯王国

赫梯王国位于小亚细亚半岛，形成于公元前19世纪中叶的若干小国。赫梯国家记载自己的历史是从库萨尔的另一位统治者拉巴尔纳开始的。拉巴尔纳征服了小亚东部的地区，使赫梯国家的版图从地中海扩大到黑海。拉巴尔纳二世（哈图西里一世）使北部叙利亚的阿拉拉赫臣服于自己，还占领了该地区的乌尔苏和哈苏这两大城市。此时，"赫梯"作为一个国家的名字开始用于表示整个赫梯人的国家。

● 早期游牧的希伯来人

属于古代北闪米特民族，是犹太人的祖先。历史家们使用"希伯来人"一词来指《旧约全书》中那些族长们（亚伯拉罕、以撒等人）的后裔，其时间从那些族长们生活之时直到他们在公元前2000年末期征服迦南（今巴勒斯坦）为止，以后这些人就被称为以色列人，直到他们由巴比伦流亡返回迦南的公元前6世纪末为止。此后，这个民族便被称为犹太人。

● 古巴勒斯坦的统一

巴勒斯坦，位于亚洲西部，地处亚、非、欧三洲交通要冲，战略地位重要。巴勒斯坦古称迦南，包括现在的以色列、约旦、加沙和约旦河西岸。历史上，犹太人和阿拉伯人都曾在此居住过。公元前1020—前923年，犹太人在此建立了希伯来王国。罗马帝国征服巴勒斯坦后，多次镇压犹太人并将大部分幸存者赶出巴勒斯坦，流落世界各地。622年，阿拉伯人战胜罗马帝国，接管巴勒斯坦。自此，阿拉伯人成为该地区的主要居民。

● 犹太教

世界三大一神信仰中，最早而且最古老的宗教，也是犹太民族的生活方式及信仰。犹太教最重要的教义，在于只有一位神，即无形并且永恒的上帝。犹太人以学习及祈祷来侍奉上帝，同时遵行摩西五经上所指引的诫命，但犹太教并不主张其他民族为了被救赎而必须接受其宗教信仰和敬拜方式，因此犹太教并不是一个积极传教的宗教。亚伯拉罕（亚伯兰）、以撒、雅各是通常所说的犹太人的列祖，也是犹太教的最早奠基人。

● 以色列王国

公元前20—前18世纪，阿拉伯半岛东北部的一些游牧部落跨越幼发拉底河进入迦南（今巴勒斯坦南部）定居，称希伯来人。公元前11世纪，以色列人在摩西率领下逃离埃及，在西奈山与上帝立约，将希伯来人的传统宗教发展为具有统一信条和礼仪的民族宗教，以后以色列人进入迦南，于公元前993年建立以色列王国，在都城耶路撒冷建造圣殿。公元前933年，王国分裂为南部犹太和北部以色列两国。公元前722年，以色列国亡于亚述帝国。公元前586年，巴比伦帝国攻陷耶路撒冷，焚毁圣殿，犹太人成为巴比伦之囚。在数十年流放生活中，他们的信仰集中于追忆和缅怀历史，反省上帝的诫命和律法。公元前538年，波斯帝国征服巴比伦，犹太人获释，返回耶路撒冷重建圣殿。

● 大卫与所罗门

大卫生于伯利恒，最早在国王扫罗宫中任职，娶扫罗之女米拉为妻。大卫作战英勇，为百姓所爱戴，因而招致扫罗嫉妒，企图杀害大卫。大卫逃往南部边疆地区，组织起义部队并赢得国内长老的支持，经过几年内战，正式成为以色列国王，并次第征服邻近各小国，建成帝国，在位40年。因此，后世以耶路撒冷为圣城，以大卫为期望中的救世主的理想形象。大卫以王权为神在地上统治的工具，对人类宗教史特别是西方宗教史产生重大影响。

所罗门，古代以色列王国第三任国王，大卫王朝的第二任国王，大卫之子和继承人。与所有帝国的开创者一样，所罗门也是以武力扩张自己的版图，除了步兵以外，他还有令人惊异的战车兵和骑兵。所罗门建立的贸易网络后来成为犹太人在外聚居区的核心。所罗门帝国以商业为主，一切政府机构都为贸易服务。所罗门另一重要功业是建造圣殿与王宫。所罗门统治的40年，在政治、经济、外交各方面的成就，比父亲大卫在位时期有更进一步的发展。

大卫和所罗门统治时期可以说是以色列民族统一王国存在年代中无可比拟的黄金时代。

古代日本

● 绳文氏与弥生氏文化

日本最古老的文化是新石器时代文化，第一个新石器文化遗址是于1877年发现的大森贝冢（今日本东京附近）。考古发掘表明，大约9000—10000年前，日本人民已经能制造磨光的石器和黑色陶器。这种陶器用手捏制，外部带有草绳花纹，被称为"绳纹式文化"。大约从公元前300—300年，日本进入弥生式文化时期。这一时期发掘出的陶器的特点是，器物本身薄硬、形状统一、颜色为褐色。弥生式文化时期，日本的农业有所进步，主要种植作物是水稻。

● 大和国家统一的日本

大和国家是日本古代奴隶制国家，3世纪兴起于本州中部大和（今奈良）地区，5世纪统一日本，统治者初称"大王"，后改称"天皇"，实行部民制，后豪族专权，皇权衰落。645年大化改新后，确立天皇统治，日本进入封建时代，大和时代结束。大和国家与中国积极发展关系，中国文化陆续传入日本。

● 日本文字

日本古代有语言而无文字。事实上，日本自有历史起，为了要增加语言的丰富，曾取用了许多中国的字音。8世纪中叶，日本人始用汉字楷书的偏字造片假名，用汉字草书的偏旁造平假名，以标注汉字音和日本语音之用。当时称汉字为男文字，称假名为女文字。汉字传入日本后，不仅成为公家用以记录史实，且为一般学者用以著作写书，而成为当时日本唯一的正式文字。虽然自9世纪初因日本所谓的"国风文化"的确立，绝大多数书籍均采用日本文字（假名）记述，但汉字至明治初年，一直为官方记事的正式文字。

古代美洲文明

● 奥尔梅克文明

奥尔梅克文明是已知的最古老的美洲文明。它存在和繁盛于公元前1200—前400年的中美洲（今墨西哥中南部）。圣洛伦索的奥尔梅克文明在公元前900年左右被暴力摧毁。拉文塔的奥尔梅克文明持续到公元前400年，莫名其妙地消亡了。奥尔梅克文明主要包括：巨石建筑、巨石雕像、大型宫殿、尚未破译的文字体系、美洲虎、羽蛇、凤鸟崇拜、橡皮球游戏，等等。

● 帕拉卡斯文化

公元前550—前200年，帕拉卡斯文化在秘鲁利马南部发展起来，帕拉卡斯人已经掌握了耕种技术，能够种植玉米、豆类、花生、甘薯和丝兰等农作物。在手工业方面，帕拉卡斯人是刺绣和织布的能手，刺绣图案无所不包。在2000年后发现于此地的衣物上，人们还可以分辨出大约100种颜色。

● 摩羯文化

约公元前100年，摩羯文化出现在南美洲培尔北部的广大土地上。当时，这里的居民都是技术娴熟的农民。他们挖渠灌溉田地，用鸟粪做肥料。他们修筑了金字塔式的建筑，被称为"华卡"。摩羯人还是伟大的艺术家，他们是南美洲最高明的陶工。他们印刻在陶器上的文字，与迄今为止所发现的任何一种文字都不相似。

爱琴海文明

● 迈锡尼文明

希腊青铜时代晚期的文明，它由伯罗奔尼撒半岛的迈锡尼城而得名。约公元前2000年，希腊人开始在巴尔干半岛南端定居。从公元前16世纪上半叶起逐渐形成一些奴隶占有制国家，出现了迈锡尼文明。迈锡尼社会分为两类自由人：国王的拥胄——负责王室行政，普通的人民——生活在乡镇里；迈锡尼王国的经济组织分为两个部分：一部分围绕王室进行，另一部分为自己服务；农产品为传统的"地中海三部曲"——谷物、橄榄、葡萄；手工业组织主要出现于宫殿地区，每一个工人的技能归于特定的类别，并在生产过程中占据特定的位置。

● 米诺斯王宫

史学界通常认为米诺斯文明主要是宫殿文明，因为正是宫殿成了这个独特社会系统的中心。正如许多历史学家和考古学家认为的那样，第一批宫殿出现在克里特岛上的时间是公元前3000—前2000年之间。正是在这个时期形成了宫殿群的基本框架，宫殿群主要聚集在一座大的由北向南延伸的内院周围。宫殿群的修建是以中心的一座院子为轴线开始的，然后在中心院的四周开始修建其他宫殿。米诺斯王宫曾多次改建和扩建，最后建成的一座殿长150米、宽100米。殿的主院的东西两侧都建有厢房，厢房的台阶向上延伸了有4层楼高，厢房还建了采光孔、小内院、走廊、大厅和起居室。

● 特洛伊战争

希腊神话中时常提到特洛伊战争，整个故事是以荷马史诗《伊利亚特》为中心，加上索福克勒斯的悲剧《埃阿斯》《菲洛克忒忒斯》，欧律庇德斯的悲剧《伊菲格涅娅在奥利斯》《安特罗玛克》《赫库芭》，维吉尔的史诗《伊尼德》、奥维德的长诗《古代名媛》等多部著作而成，故事详细地描述了特洛伊战争的情况。特洛伊战争是以争夺世上最漂亮的女人海伦为起因，道出以阿伽门农及阿喀琉斯为首的希腊军进攻以帕里斯及赫克托尔为首的特洛伊城的10年攻城战。

● 木马计

公元前13世纪，斯巴达国王墨涅依斯的妻子海伦对特洛伊国王的儿子——帕里斯一见钟情，并和帕里斯一起逃回特洛伊城。墨涅依斯大怒下请他的哥哥阿伽门农为统帅，并派出一支10万人马、1000余艘战舰的大军攻打特洛伊城，但特洛伊城十分坚固，希腊人攻打了9年也没成功。第10年，希腊将领奥德修斯想出了一条妙计，把一只巨大的木马留在海滩上后便扬帆撤离了。特洛伊人在得知"真相"后把城墙拆开将木马拉进城中，并在当晚庆祝胜利。深夜，藏在木马中的全副武装的希腊战士一个个地跳了出来，杀死了睡梦中的守军，迅速打开城门，隐蔽在附近的大批希腊军队如潮水般涌入特洛伊城。10年的战争终于结束了，希腊人把特洛伊城掠夺一空，海伦也被墨涅依斯带回了希腊。

从此，"当心希腊人造的礼物"这一习语在世界许多国家流传开来，它提醒人们警惕和防止被敌人的伪装欺骗，使敌人钻进自己的心脏。

● 线形文字

古希腊文字。在希腊克里特岛发现的泥版残片上，有两种文字形式，被称为线形文字 A 和线形文字 B。尽管这两种文字共享许多符号，但使用线性文字 B 所表达的音节来套用线性文字 A 所得到的结果和任何已知的语言都没有关系。线形文字 A 被命名为米诺斯语，使用时间对应于米诺斯文明，即迈锡尼人入侵的阶段（公元前 1800—前 1450 年）。线形文字 B 于 1952 年被文特里斯破译，证明为希腊语的一种古代形式，使用于迈锡尼文明时期。

古希腊文明

● 荷马时代

《荷马史诗》所记载的公元前 11—前 9 世纪的希腊历史称为荷马时代，并因《荷马史诗》而得名。荷马时代又称英雄时代，与迈锡尼文明时代相比较，在社会制度方面确有倒退的情况，但就社会经济发展水平来说，有重要的进步现象：希腊由青铜器时代向铁器时代过渡、铁制工具的出现是社会生产力提高的一个显著标志、农业和畜牧业是当时主要的生产部门、手工业开始脱离农业。荷马时代还没产生国家，部落管理实行军事民主制，有三种机构：军事首领、议事会和民众会。荷马时代后期，部落的管理机构开始向国家统治机关过渡，希腊已处在文明时代的门槛上了。

● 《荷马史诗》

相传由古希腊最著名、最伟大的盲人诗人荷马创作，是两部长篇史诗《伊利亚特》和《奥德赛》的统称，两部史诗均分为 24 卷，这两部史诗最初可能基于古代传说的口头文学，依靠乐师的背诵流传。作为史料，《荷马史诗》不仅反映了公元前 11—前 9 世纪的社会情况，而且反映了迈锡尼文明，再现了古代希腊社会的图景，是研究早期社会的重要史料。《荷马史诗》不仅具有文学艺术上的重要价值，它在历史、地理、考古学和民俗学方面也具有极大的研究价值。

● 《伊索寓言》

原书名为《埃索波斯故事集成》，是古希腊民间流传的讽喻故事，经后人加工，成为现在流传的《伊索寓言》。《伊索寓言》是一部世界上最早的寓言故事集，是古希腊文学的重要组成部分，尽管人们常常忽略它，然而它的价值并不亚于希腊神话《荷马史诗》和悲剧。寓言主体以拟人化的动物、普通人以及神为主要表现对象，通过生动的小故事，或揭示早期人类生活状态，或隐喻抽象的道理，或暗示人类的种种秉性和品行，多维地凸显了古希腊民族本真的性格。从作品来看，时间跨度大，各篇的倾向也不完全一样。据推测，它不是一人一时之作，可以看作是古希腊人在相当长的历史时期内的集体创作。

● 希腊城邦的兴起

所谓城邦，就是一个国家，它以城市为中心，周围是乡镇。公元前8—前4世纪，古希腊的城市国家并存数百个城邦，出现过许多城邦联盟。在古代希腊最强大的城邦中，雅典第一，斯巴达第二。所有希腊城邦都是小国，希腊城邦的居民按照政治地位可以分为三大类；所有城邦在形成时期，农业都是最主要的生产部门，作为主要生产资料的土地只有公民才有权占有；所有城邦都有三种政治机构：由成年男子构成的公民大会、议事会（斯巴达的长老会议和雅典的500人会议）、经选举产生的公职人员。

● 尚武轻文的斯巴达人

公元前11世纪，希腊部落的多利亚人南下侵入拉哥尼亚平原，他们毁掉原有的城邦，在这里居住下来，这就是多利亚人的斯巴达城，斯巴达人就是指来到这里的多利亚人。斯巴达人在征服拉哥尼亚的过程中，把原有的居民变成奴隶，称为希洛人。公元前8世纪，斯巴达人又向邻邦美塞尼亚发动长达10年的战争，最后征服了美塞尼亚，将多数美塞尼亚人变成奴隶并固定在土地上，从事艰苦的农业劳动。斯巴达在长期的对外战争中，不断加剧对希洛人的压迫和剥削，英勇的希洛人多次举行起义。公元前464年，斯巴达境内的希洛人起义坚持了10年，在获得自由后，使斯巴达的统治受到沉重打击。公元前4世纪中叶以后，斯巴达一天天走向衰亡。

● 雅典城邦国家的形成

公元前1000年，古雅典是一个强大的城邦，成为古希腊的核心城市。从公元前9世纪晚期到8世纪初期，雅典已有贵族的豪华墓葬，铁器和青铜器生产也发展迅速，达到建立城邦——早期的奴隶制国家的程度。梭伦是雅典城邦的第一任执政官，庇西特拉图是他的继任者。在他们统治时期，雅典工商业有显著发展。公元前5—前4世纪，雅典城邦国家在文化和政治上的成就对欧洲及世界文化产生重大影响，成为西方文明的摇篮和民主的发源地。

● 托勒密王朝

希腊人在埃及建立的王朝，由亚历山大大帝部将、留驻埃及的总督托勒密·索特尔所建。公元前323年，亚历山大死后，托勒密成为埃及的实际统治者，后与亚历山大的其他部将互相混战，最终统治埃及。公元前305年，托勒密正式称王，为托勒密一世，最后的君主是女王克利奥帕特拉七世和她的儿子托勒密十五世。托勒密王朝的诸位君主在埃及历史上都被认为是法老。

● 塞琉古王朝

亚历山大帝国分裂后，亚历山大大帝的部将塞琉古一世创建的以叙利亚为中心，包括今伊朗和亚美尼亚在内（初期还包括印度的一部分）的王朝。塞琉古王朝是希腊城邦时期最主要的国家之一，也是希腊城邦国家中版图最大者，有时也被称为塞琉西王国或塞琉西帝国。塞琉古王国推行国王崇拜，强化王权，宫廷设有宰相、议事会、秘书处，高级官吏由皇亲国戚和王室亲信们充任。塞琉古王朝试图通过希腊各地的城市和移民地来达到辖下各民族政治、经济、文化上的统一，从而保证对各地的控制。塞琉古王国的土地皆属王田，农民只有耕种权，商业和手工业甚为发达。

● 梭伦改革

梭伦（约公元前640—前558年）出身贵族，但家境中平，早年经营贸易，与商旅为伍，同时又是"希腊七贤"之一，他反对贵族专权，同情平民，主张在城邦中实行公正立场，以城邦利益为重。公元前594年，梭伦以其威望和功绩当选为雅典城邦的"执政兼仲裁"，开始进行具有宪政意义的一系列经济、政治和社会改革运动。经济上：废除雅典公民以人身作抵押的一切债务，实行一系列有利于工商业发展的政策和措施，承认私有财产继承自由；政治上：废除世袭贵族的垄断权利，设立400人会议作为最高行政机关，设立陪审法庭（民众法庭）作为最高司法机关，制定新法典取代严酷的法律。梭伦改革，是雅典平民反对贵族斗争的一次重大胜利，对雅典历史的发展产生了深远影响。

● 克利斯提尼改革

公元前508年，雅典政治家克利斯提尼（约公元前570—前508年）实行政治和社会改革。公元前510年，僭主被推翻后，氏族贵族之间以及氏族贵族与平民之间的斗争尖锐化，保有血缘关系的氏族、胞族和部落组织已经不能适应奴隶制国家进一步发展的需要。克利斯提尼在公元前508年，联合平民通过公民大会推行了一系列重大改革：设立10个地区部落，取代原来的4个氏族部落；建立500人会议，代替原来的400人会议；加强公民大会和民众法庭的活动。克利斯提尼的改革促进了雅典民主政治的发展，加强了雅典公民的团结，打破了部落贵族势力对政权的控制，标志着雅典民主政治的确立，雅典国家最终形成。

● 希波战争

古代波斯帝国为了扩张版图而入侵希腊的战争，战争以希腊获胜、波斯战败而结束。

第一次入侵：公元前490年，波斯王大流士一世出动陆海军共25000人，进攻雅典和埃维厄。埃维厄很快便被波斯军队攻陷，所有市民均被贬为奴隶。第二次入侵：公元前480年，接任的波斯王泽克西斯一世（薛西斯一世）亲率陆军30万及战舰1000艘再度进兵希腊。这次希腊各城邦均有着生死存亡系于一线的感觉，因此结盟起来共抗波斯，即使斯巴达亦参与了对抗波斯的行动。公元前478年，希波战争以双方签订卡里阿斯和约而告结束，波斯帝国从此承认小亚细亚之希腊城邦的独立地位，并且将其军队撤出爱琴海与黑海地区。

希波战争是人类历史文化的一次前所未有的大融合，其影响远远超出波斯、希腊的范围。它大大加强了东西方文化交流，促进东西方文化发展，促进科学、艺术的进步；打破了东西方几乎完全隔绝的局面，从而推动人类社会发展进步，这是希波战争最重要的影响。

● 伯里克利时代

古希腊的一个历史时期，始于波希战争的终结，终于伯里克利离世或伯罗奔尼撒战争结束。在同一时期的政治家、哲学家、建筑家、雕塑家、历史学家以及文学家当中，作为希腊将军、政治家和演说家的伯里克利仍然引人注目。他支持文学艺术，给雅典带来之后再也未曾有过的辉煌；主持大量公共项目以改善公民生活，所有这些使得雅典进入黄金时代，亦为古希腊的全盛时期，故被称为伯里克利时代。

● 伯罗奔尼撒战争

以雅典为首的提洛同盟与以斯巴达为首的伯罗奔尼撒联盟之间的一场战争。这场战争从公元前431年一直持续到公元前404年，其中双方几度停战，最后斯巴达获胜。这场战争结束了雅典的经典时代，结束了希腊的民主时代，改变了希腊的城邦国家。几乎所有希腊的城邦都参加了这场战争，其战场几乎涉及了当时整个希腊语世界。在现代研究中也有人称这场战争为古代世界大战。

这场战争不但对古代希腊，而且对历史学本身有重要的意义，其本身是第一次被科学地、历史学地记录下来的史实，希腊历史学家修昔底德在他的《伯罗奔尼撒战争史》中详细地记录了当时的事件。这个纪录到公元前411年冬终止，修昔底德分析了这场战争的原因和背景，他的分析对欧洲的历史学是有先驱作用的。

● 马拉松之战

希波战争中的一次重要战役。公元前490年，大流士亲率波斯军队再次入侵希腊，在雅典城东北60公里的马拉松平原登陆，妄图一举消灭雅典。当时，斯巴达只提供了1000援军。雅典在国家生死存亡时刻，依靠自己的力量与波斯帝国进行对抗。双方军队在马拉松平原展开激战，最终雅典取得了胜利。为了把胜利喜讯迅速告诉雅典人，士兵斐力庇第斯以最快速度从马拉松跑到雅典中央广场，之后就牺牲了。为了纪念马拉松战役的胜利和表彰斐力庇第斯的功绩，1896年在雅典举行的第一届奥林匹克运动会上，增加了马拉松长跑项目。

● 萨拉米海战

希波战争的一部分，也是希波战争最后的、最重要的一场大战。战斗开始后，双方战舰在性能上的优劣很快显示出来。雅典的新式三层战舰体积小、速度快、机动性强、吃水浅，而波斯老式挂帆战船，体积大、速度慢、机动性差、吃水深。雅典战船不断向波斯战船做斜线冲击，利用船头一根长约5米的包铜横杆，先将敌人的长桨划断，然后调转船头，用镶有铜套的舰首狠狠冲撞波斯战舰的腹部。一番激战后，波斯前锋舰队抵挡不住，被迫后撤。

萨拉米海战是希波战争中，继马拉松战役、温泉关战役之后具有决定性的一战。此后，希腊开始由防守转为进攻，最终把波斯军队赶出希腊本土。

● 希腊字母

希腊字母源于腓尼基字母，由于希腊语元音发达，所以希腊字母是世界上最早有元音的字母。希腊人的书写工具是腊板，有时前一行从右向左写完后顺势就从左向右写，变成所谓"耕地"式书写，后来逐渐演变成全部从左向右写。字母的方向也颠倒了。希腊字母跟英文字母、俄文字母类似，只是符号不同，标音的性质是一样的。

● 修昔底德

古希腊历史学家，根据《伯罗奔尼撒战争史》中偶尔提及的有关他自己的文字内容判断：他出生于约公元前460年；其父奥罗路斯是雅典的贵族；他在雅典长大，是在高度成熟了的希腊文化的熏陶下成长起来的；他生活的时代正值雅典的极盛时期，也是古希腊文化的全盛时期。

修昔底德把希腊哲学中追求真理的精神和逻辑方法应用到了历史研究之中，强调历史研究必须坚持求实的原则、研究者必须坚持理智的和批判的态度。修昔底德认为，叙述历史，就是要寻找历史事件之间的因果关系，历史学家应当对它们进行区别分析，从而对纷纭复杂的历史现象作出合理的解释，因而他的著作赢得了很高的声誉，几乎没有人对他的记载表示过疑义。

● 希罗多德

在古罗马时代，希罗多德就被誉为"历史之父"。希罗多德在欧洲史坛最先对史料采取了一定程度的分析和批判态度，而不是盲目相信一切传闻。他创造了叙述历史的新方法，把记载史实和加以阐释有机地结合起来。对于历史事件，希罗多德并没有首尾一贯地解释发生的原因，而是时而诉诸神的意志和命运，时而认为取决于个别人物的才能，也有时借助于对历史或地理情况的分析。希罗多德的《历史》在希腊史学史上是第一部堪称为历史的著作。

● 苏格拉底

古希腊著名的哲学家，被后人广泛认为是西方哲学的奠基者。苏格拉底出于对国家和人民命运的关心，转而研究人类本身，即研究人类的伦理问题，如：什么是正义、什么是非正义，什么是勇敢、什么是怯懦，什么是诚实、什么是虚伪，什么是智慧，等等；苏格拉底把哲学从研究自然转向研究自我，他认为对于自然的真理的追求是无穷无尽的，感觉世界常变，因而得来的知识也是不确定的；苏格拉底终生从事教育工作，具有丰富的教育实践经验并有自己的教育理论；苏格拉底建立了一种知识体系，即道德的伦理思想体系，其中心是探讨人生的目的和善德；苏格拉底强调知识的重要性，认为伦理道德要由理智来决定，这种理性主义的思想，在以后西方哲学思想的发展中，起了积极作用。

● 柏拉图

古希腊伟大的哲学家，也是全部西方哲学乃至整个西方文化最伟大的哲学家和思想家之一。柏拉图是西方客观唯心主义的创始人，其哲学体系博大精深。柏拉图认为，世界由"理念世界"和"现象世界"所组成，认为人的一切知识都是由天赋而来。柏拉图的教学体系是金字塔形。为了发展理性，他设立了全面而丰富的课程体系，他以学生的心理特点为依据，划分了几个年龄阶段，并分别授以不同的教学科目。柏拉图的教学思想几乎涉及教学领域中的所有重要方法。他第一个确定了心理学的基本划分，并使之与教学密切联系起来。

● 亚里士多德

世界古代史上最伟大的哲学家、科学家和教育家之一，柏拉图的学生，亚历山大的老师。亚里士多德一生勤奋治学，其学术研究涉及逻辑学、修辞学、物理学、生物学、教育学、心理学、政治学、经济学、美学等诸多领域，并写下了大量的著作，例如：《工具论》《形而上学》《物理学》《伦理学》《政治学》《诗学》等专著，被誉为古代的百科全书。亚里士多德的思想对人类产生了深远的影响。他创立了形式逻辑学，丰富和发展了哲学的各个分支学科，对科学做出了巨大的贡献。

● 阿基米德

古希腊著名的数学家、物理学家，静力学和流体静力学的奠基人。他通过大量实验发现了杠杆原理，又用几何演绎方法推出许多杠杆命题，并给出严格的证明，其中就有著名的"阿基米德原理"（杠杆原理）。在数学上，阿基米德也有极为光辉灿烂的成就，特别是在几何学方面。他的数学思想中蕴涵着微积分的思想，其实质伸展到了17世纪趋于成熟的无穷小分析领域中，预告了微积分的诞生。

● 欧几里得

古希腊数学家，被称为"几何之父"。他活跃于托勒密一世（公元前323—前283年）时期的亚历山大里亚，其最具代表性的著作《几何原本》是欧洲数学的基础，其中提出的五大公设发展了欧几里得几何，被广泛认为是历史上最成功的教科书。

● 毕达哥拉斯

古希腊数学家、哲学家。毕达哥拉斯最早用演绎法证明了直角三角形斜边平方等于两直角边平方之和，即毕达哥拉斯定理（勾股定理），并以其著称于世。毕达哥拉斯对数论作了许多研究，将自然数区分为奇数、偶数、素数、完全数、平方数、三角数和五角数等。毕达哥拉斯还通过说明数和物理现象间的联系，来进一步证明自己的理论。

● 希腊神话

大多来源于古希腊文学，包括《荷马史诗》中的《伊利亚特》和《奥德赛》、赫西奥德的《工作与时日》和《神谱》、奥维德的《变形记》等经典作品，以及埃斯库罗斯、索福克勒斯和欧里庇得斯的戏剧。希腊神话包括神的故事和英雄传说两个部分：神的故事涉及宇宙和人类的起源、神的产生及其谱系等内容；英雄传说起源于对祖先的崇拜，是古希腊人对远古历史和对自然界斗争的一种艺术回顾。

● 古希腊奥林匹克运动会

古希腊人于公元前776年规定每4年在奥林匹亚举办一次运动会。运动会期间，全希腊选手及附近的百姓相聚于奥林匹亚这个希腊南部风景秀丽的小镇。公元前776年举行第一届奥运会时，多利亚人克洛斯在192.27米短跑比赛中取得冠军，成为国际奥林匹克运动会荣获桂冠的第一人。后来，古希腊运动会的规模逐渐扩大，并成为显示民族精神的盛会。比赛的优胜者获得月桂、野橄榄和棕榈编织的花环等。

古罗马文明

● 罗马共和国

古罗马在公元前509—前27年间的政体，其正式名称是元老院与罗马人民。公元前510年，罗马人驱逐了前国王卢修斯·塔克文·苏佩布，结束了罗马王政时代，建立了罗马共和国，国家由元老院、执政官和部族会议三权分立。掌握国家实权的元老院由贵族组成。执政官由百人队会议的贵族中选举产生，行使最高行政权力。部族大会由平民和贵族构成。

● 罗马元老院

在罗马共和与罗马帝国两者的政府中是一个审议的团体。在古代罗马时，元老院是兼有立法和管理权的国家机关，最初是氏族长者会议。共和时期，前任国家长官等其他大奴隶主也进入元老院。元老院有权批准、认可法律，并通过执政官掌管财政外交，统辖行省和实施重大宗教措施。帝国时期，政权日益集中于皇帝，元老院实权日削，已失去其原来的地位，但仍然是贵族统治的支柱。

● 罗马王政时代

指古罗马在公元前753—前509年这一时期，又称罗马王国伊特鲁里亚时期，是罗马从原始社会的公社制度向国家过渡的时期。此时的古罗马还没有成为强大的帝国，只不过是个微不足道的小镇，尚未建立共和国，是一个传统的君主制国家。王政时代的管理机构主要有勒克斯（国王）、元老院和库里亚大会（按胞族召开的民众会议）三种。

● 保民官

古罗马时期维护平民利益的一种特殊官职，产生于公元前5世纪初平民第一次分离运动获胜之后。保民官从平民会议中选出，最初为2人，后来增加到10人。保民官人身不受侵犯，享有一种特殊权力——否决权。除独裁官外，对其他任何高级长官的决定，只要违背平民利益，均有权予以否决，但其权力只限于罗马的城区和近郊。保民官在罗马共和国时代的平民反对贵族的斗争中曾起过一定的作用，但到帝国时代，它已形同虚设。

● 庇护制

古代罗马的一种人身依附制度，约起源于公元前7世纪王政时代。当时，随着氏族内部分化的加剧，一些贫困破产的氏族成员便依附在氏族贵族的门下，成为贵族的"被保护人"，贵族成为保护人。被保护人与保护人的关系是世袭的，前者多为贫穷破产及无公民权者，托庇于后者门下，领取份地并为之献纳服役，后者为有财势的贵族，对前者负"保护"之责。保护人通常拥有大批被保护人，作为猎取利禄的工具。

● 《十二铜表法》

公元前452—前451年，在平民保民官的强烈要求下，古罗马编制出10个法表，镌刻在10块青铜板上，公布于罗马广场。其主要由贵族编制并为贵族利益服务，引起平民不满。公元前450年，又增两表，这就是著名的《十二铜表法》，其包括债务法、继承法、婚姻法以及诉讼程序等各个方面，基本上是罗马人传统习惯法的汇编，表现出维护贵族和富裕平民利益的倾向。

● 罗马征服意大利

罗马的政治史以罗马征服意大利乃至整个地中海地区为主导线索。在这一对外扩展的历程中，罗马从一个城邦发展为帝国，其政体由贵族共和国演化成专制君主制。罗马国家的法律和行政管理也有相应的变化。罗马坐落在意大利半岛中部的第伯河谷，意大利则居于地中海周边地区的中心，这一地理位置对罗马后来的扩张十分有利。公元前3世纪中叶，罗马以兼并或结盟的形式统一了波河以南的意大利，并在各地设立罗马人的殖民地以巩固对广阔地区的控制。

● 马略的军事改革

古罗马统帅，政治家。针对当时罗马军队兵源匮乏等弊端，实行军事改革：取消兵役财产资格的规定，军队的给养、武器装备由国家供给，加强军队训练；对军团进行整编，军团人数由4500人左右增至6000人，下辖大队、中队、百人队三级；服役期限规定为16年，老兵退伍可获得土地；整饬军纪，加强军训，提高军队战斗力。

● 苏拉的独裁

古罗马统帅，政治家。早年在马略麾下参加朱古达战争和对日耳曼人作战。公元前93年任大法官；公元前90年参加同盟者战争；公元前88年任执政官，为争夺米特拉达梯战争指挥权与马略发生冲突，相互仇杀；公元前83年率军返回意大利，次年彻底肃清马略派，进占罗马城，颁布"公敌宣言"，残杀政敌，并自任终身独裁官。同时，恢复元老院的特权地位，限制公民大会及保民官等行政长官的权力，其军事独裁统治沉重打击了古罗马共和制。

● 汉尼拔

北非古国迦太基著名军事家。生长的时代正逢古罗马共和国的崛起。自小接受严格和艰苦的军事锻炼，少时随父亲哈米尔卡·巴卡进军西班牙，并在父亲面前发下一生的誓言，要终身与罗马为敌，在军事及外交活动上有卓越表现。在特拉比亚战役、特拉西美诺湖战役和坎尼战役中，巧妙运用计策引诱并击溃罗马人。战后，汉尼拔成为迦太基的行政官。公元前195年，在罗马人的施压下，汉尼拔出走东方；公元前183年，在罗马人的逼迫下服毒自尽。

● 凯撒大帝

罗马共和国末期杰出的军事统帅，政治家。恺撒出身贵族，历任财务官、祭司长、大法官、执政官、监察官、独裁官等职。公元前60年，与庞培、克拉苏秘密结成前三头同盟，随后出任高卢总督，用8年时间征服了高卢全境（今法国）、袭击了日耳曼和不列颠。公元前49年，他率军占领罗马，打败庞培，集大权于一身，实行独裁统治，并制定了《儒略历》。公元前44年，恺撒遭到布鲁图领导的元老院成员的暗杀身亡。

● 屋大维

罗马帝国的开国君主，统治罗马长达43年，被尊称为"奥古斯都"。公元前27年，屋大维实行元首制，独揽政治、军事、司法、宗教大权，结束了一个世纪的内战，使罗马帝国进入了较长的和平、繁荣时期。

屋大维是凯撒大帝的甥孙和养子，亦被正式指定为凯撒的继承人。公元前43年，他与马克·安东尼、雷必达结成后三头同盟，打败了刺杀凯撒大帝的共和派贵族；公元前36年他剥夺雷必达的军权，后在阿克图海战打败安东尼，消灭了古埃及的托勒密王朝，回罗马后开始掌握一切国家大权；公元前30年，被确认为"终身保民官"；公元前29年获得"大元帅"称号；公元前28年获得"奥古斯都"（神圣、至尊之意）称号，建立起了专制的元首政治，开创了罗马帝国。

● 君士坦丁大帝

君士坦丁一世（大帝），罗马皇帝，是世界历史上第一位信仰基督教的皇帝，并制定出鼓励该教发展的许多政策，为基督教从一个受迫害的宗教转变为在欧洲占统治地位的宗教起了重要作用。313年，君士坦丁大帝颁布米兰诏书，承认基督教为合法且自由的宗教，并于330年将罗马帝国的首都从罗马迁到拜占庭，将该地改名为君士坦丁堡。此外，他的一系列改革措施，如：废除"四帝共治"，划分全国为四大行政区，行省、军政改革，均为欧洲从奴隶社会向封建社会的过渡起到了重要作用，被誉为西方的"千古一帝"。

● 安敦尼王朝的建立

安敦尼王朝可以明显地分为两个时期。前一时期，王朝前4位元首的统治（96—161年）是中央政权最稳固的时期。在当时，不但政治稳定，经济也有了快速的发展，意大利和行省到处都出现经济繁荣的景象，难怪当时的人们都称这个时期为帝国的"黄金时代"。后一时期，从马可·奥理略开始，帝国境内繁荣的局面逐渐消失，奴隶制危机的迹象到处出现。边境也开始多事，强大的帕提亚人屡犯东疆，而当罗马军队疲于抗击时，北方的日耳曼人又乘虚而入，奥理略被迫亲率大军予以抗击，结果因染瘟疫而死于战争之中。当康茂德继位时，罗马帝国已经处于政治和经济全面危机的前夕。

● 古罗马的角斗士

对角斗士的最早记载要追溯到公元前264年。这些角斗士大多是奴隶，为了取悦皇帝和当地的领主而搏杀到死。角斗士们在类似于军事训练营的地方一起训练，经常到帝国的各个地方进行"巡回表演"。这些角斗士团曾经为私人所有，但是因为害怕他们会转变成对帝国统治造成威胁的私人军队，国家接管了这些角斗士团。奴隶主的残暴统治，迫使奴隶一再发动大规模武装起义。

● 匈奴王阿提拉

古代欧亚大陆匈奴人最伟大的领袖和皇帝，史学家称其为"上帝之鞭"，曾多次率领大军入侵东罗马帝国及西罗马帝国，并对两国构成极大的威胁。阿提拉曾率领军队两次入侵巴尔干半岛，包围君士坦丁堡，亦曾远征至高卢（今法国）的奥尔良地区。448—450年，匈奴帝国在阿提拉的带领下，版图到了盛极的地步：东起咸海，西至大西洋海岸，南起多瑙河，北至波罗的海。在这广大区域的附属国，都有自己的国王和部落酋长，平日向阿提拉称臣纳贡，战时出兵参战。在西欧，阿提拉被视为残暴及抢夺的象征，但亦有历史记载他是一位伟大的皇帝。

● 布匿战争

公元前 264—前 146 年，古代罗马与迦太基之间的三次战争。罗马人称迦太基人为布匿，故而得名。第一、二次布匿战争是作战双方为争夺西部地中海霸权而进行的扩张战争，第三次布匿战争则是罗马以强凌弱的侵略战争。在前后历时百余年的布匿战争期间，罗马在与迦太基及其盟友的反复争斗中，占领了欧、亚、非的广大地区，掠夺了大量奴隶和财富，这对罗马奴隶制社会内部阶级关系的变化、经济的发展以及地中海地区后来的历史命运，都产生了巨大影响。

● 西西里起义

古代罗马共和后期在西西里岛爆发的两次大规模奴隶起义。第一次起义爆发于公元前 137 年。不堪奴隶主虐待的奴隶在恩那城首举义旗，叙利亚籍奴隶攸努斯被起义者推举为王。起义军屡败罗马军队，占领了西西里东部和中部许多城市。公元前 132 年，起义被罗马执政官鲁皮留镇压下去。第二次起义爆发于公元前 104 年，因西西里总督受贿中止释放奴隶而触发。赫拉克利亚城奴隶拥立萨维阿斯为王。起义军转战西西里各地，屡败罗马军。公元前 101 年，起义终归失败。

● 斯巴达克起义

公元前 73—前 71 年，在斯巴达克领导下，罗马帝国爆发的一次最大规模的奴隶起义。斯巴达克是巴尔干半岛东北部的色雷斯人。罗马进兵北希腊时，在一次战争中斯巴达克被罗马人俘虏，被卖为角斗士奴隶。在角斗士学校，斯巴达克以勇敢和智慧成为角斗士们的精神领袖，并组织了 200 多个角斗士准备暴动。公元前 74—前 73 年初，斯巴达克起义军迅速壮大，公元前 72 年初，斯巴达克军队已增至 6 万人。公元前 72 年，斯巴达克军队沿亚得里亚海岸转战整个意大利。为粉碎斯巴达克军队，罗马元老院再派统帅克拉苏率兵 4 万人进行征讨。为阻止罗马军队会合，斯巴达克决定对克拉苏进行决战，在阿普利亚省南部一场激战中，斯巴达克全军被击溃。

斯巴达克起义沉重地打击了奴隶主统治阶级，加剧了罗马奴隶制的经济危机，加速了罗马政权由共和制向君主制的过渡。

● 罗马帝国

罗马帝国一般分为前期帝国（公元前27—192年）和后期帝国（193—476年）两个阶段。前期帝国经朱里亚·克劳狄王朝、弗拉维王朝，至安敦尼王朝（五贤帝时代）达到鼎盛，国家稳定、社会繁荣，被称为罗马的黄金时期。后期帝国从3世纪危机起，经伊利里亚诸帝、戴克里先的四帝共治、君士坦丁大帝的帝国，至狄奥多西一世死后（395年）将帝国正式分为两部分：西部在内忧外患中衰落，于476年奥多亚克废黜最后一个西罗马帝国皇帝罗慕路·奥古斯都路斯，西罗马帝国灭亡；东部帝国直到1453年为奥斯曼帝国所灭，史学家更多地将东罗马帝国称为拜占庭帝国。

● 基督教的兴起与传播

基督教是以信仰耶稣基督为救世主的一神论宗教，发源于1世纪的迦南（今巴勒斯坦）耶路撒冷地区的犹太人族群，并继承希伯来圣经为基督教旧约全书。1—5世纪，基督教从以色列传向希腊、罗马文化区域。313年，君士坦丁大帝颁布米兰诏书，基督教成为罗马帝国所允许的宗教。391年，罗马皇帝狄奥多西一世宣布基督教为国教。基督教的中心思想在于"尽心、尽意、尽力爱上帝"及"爱人如己"两点，在各族之间传播具有开化功能，并能确保罗马法的精髓和拉丁语在法国、意大利和西班牙等地区流行。在克洛维的统治之下，法兰克人成为基督教徒，尔后渡过莱茵河把基督教传播给日耳曼人。5世纪初期，圣巴特瑞克把基督教带到爱尔兰，然后传播到苏格兰，再从北方返回英格兰。在同一个世纪，英格兰人再一次皈依基督教。

● 《圣经》

基督教圣经分为《旧约》和《新约》两大部分。新旧约是以耶稣出生为界限的，由福音书（马太福音、马可福音、路加福音、约翰福音）、使徒行传、使徒书信和启示录组成；使徒书信分保罗书信和一般书信；保罗书信又分教会书信、个人书信、监狱书信和希伯来书。新约与旧约恰成对比，就是指摩西之约。《新约》的数量比较一致，都为27卷。《新约》正典书目，于397年举行的迦太基会议正式确定，其原本已失传，现所发现的最早抄本残片约为2世纪时所抄。在4世纪新约文本大致固定后，有埃及、亚历山大、叙利亚等抄本流行。目前保存的最早希腊文《圣经》为4—5世纪的抄本，最著名的有西奈抄本、梵蒂冈抄本和亚历山大抄本。

● 维纳斯

希腊神话中的爱神、美神，同时又是执掌生育与航海的女神，相对应于希腊神话的阿芙罗狄忒。拉丁语的"金星"和"星期五"等词都来源于此。

● 弗拉维圆形剧场

又名格罗塞穆剧场，是世界上最大的古代圆形剧场。它是古罗马物质文明的象征和最具代表性的作品。它位于罗马广场东侧，整体呈椭圆形，舞台居中，四周筑有阶梯形的露天观众舞台，共分4层，场内座位可以容纳5万观众，舞台用于表演角斗以及人兽搏斗。据记载，当年斗兽场落成时曾举行了百日竞技。在角斗士格斗和赛跑之后进行人兽搏斗，甚至在场地上注水模拟海战。由于建筑工程使用水泥极为成功，显得异常坚固，因此罗马人有"格罗塞穆若倒，罗马也就灭亡"的谚语。实际上，罗马帝国灭亡后此剧场依然屹立，后来因人们不断从中挖掘石料才导致部分坍塌。

● 庞贝古城

古罗马城市。庞贝城是亚平宁半岛西南角坎佩尼亚地区一座历史悠久的古城，始建于公元前6世纪，古城略呈长方形，东西长1200米，南北宽700米，有城墙环绕，四面设置城门，城内4条大街，呈"井"字形纵横交错。主街宽7米，由石板铺就，沿街有排水沟。城内最宏伟的建筑物，都集中在西南部一个长方形的公共广场四周。另外，城内还有公共浴池、体育馆和大小两座剧场，街市东边则有可容纳1万多名观众的圆形竞技场。据记载，庞贝城是由奥斯坎斯部落兴建的，它已是一座人口稠密，商旅云集的小城。公元前89年，庞贝城被罗马人占领，成为罗马帝国的属地，至79年为止，已经成为富人的乐园，成为闻名遐迩的酒色之都。79年，维苏威火山爆发，庞贝被湮没。由于被火山灰掩埋，庞贝城的街道房屋保存比较完整，从1748年起考古发掘持续至今，为了解古罗马社会生活和文化艺术提供了重要资料。

中世纪篇

欧洲列国时代的突起

亚洲中世纪的政治舞台

非洲沙漠里的繁荣

美洲文明的印迹

拜占庭帝国的盛衰

俄罗斯"沙俄"的建立与扩张

中世纪的基督教与西欧文化

文艺复兴的繁荣

宗教改革的曙光

新航路的开辟

西方的崛起与殖民

欧洲列国时代的突起

● 中世纪

约476—1453年，是欧洲历史（主要是西欧）上的一个时代，由西罗马帝国灭亡（476年）数百年后，在世界范围内，封建制度占统治地位的时期，直到文艺复兴时期（1453年）之后，资本主义出现的时期为止。"中世纪"一词是15世纪后期的人文主义者开始使用的。这个时期的欧洲没有一个强有力的政权来统治。封建割据带来频繁的战争，造成科技和生产力发展停滞，人民生活在毫无希望的痛苦中，所以中世纪或者中世纪的早期在欧美被普遍称作"黑暗时代"，传统上认为这是欧洲文明史上发展比较缓慢的时期。

● 西欧封建关系的萌芽

一般说来，西欧的封建制度是从6世纪开始，到11世纪前后基本确立的一种新的社会制度。西欧封建制度，是在特定的历史条件下两个不同社会的历史交叉，是两种社会历史因素相互综合的结果。3世纪以来，罗马帝国境内盛行的隶奴制中已经孕育着新的封建关系萌芽，这种制度在实质上就是封建生产关系的萌芽。

● 日耳曼人大迁徙

原住在波罗的海和北海沿岸地带的日耳曼人是一个古老的欧洲民族，由若干部落组成，其中较重要的是法兰克人、汪达尔人、伦巴德人、东哥特人和西哥特人。日耳曼人东邻阿兰，南临罗马帝国，莱茵河和多瑙河大体成为他们和罗马的分界线。罗马帝国逐渐衰落之际，少数日耳曼人进入罗马境内，成为雇佣兵、手工工人，或在庄园劳动。4世纪末，匈奴人对日耳曼人领地的入侵使日耳曼人如潮水般向罗马帝国境内涌来，形成了一场日耳曼民族大迁徙运动，它绵延200余年，规模宏大，波及大半个欧洲和北非广大地区，在西罗马帝国的旧土上建立了许多日耳曼人的国家，书写了西欧历史的新篇章。

● 西哥特王国

5—8世纪初，西哥特人在西罗马帝国境内高卢西南部和西班牙建立的日耳曼国家。376年，西哥特人遭到匈奴人袭击，被赶过多瑙河，进入罗马帝国。410年，西哥特人在阿拉里克率领下洗劫了罗马城。同年，阿拉里克卒，由阿陶尔夫斯继任。415年，他率领西哥特人在西班牙定居。418年，阿拉里克之孙狄奥多里克一世率领西哥特人，以西罗马帝国同盟者身份定居于阿奎丹，建立了第一个日耳曼王国，定都土鲁斯。国王尤里克在位期间（466—484年），西哥特王国颁布法典，废除了与罗马的同盟关系。西哥特的封建制度是在瓦解的罗马奴隶制和解体的日耳曼氏族公社的基础上产生的。大地主以服役为条件把土地授与他的亲信和亲兵，形成封建等级土地所有制。

● 法兰克王国

5世纪末—10世纪末，由早期日耳曼民族的法兰克人在西欧建立的封建王国。法兰克人是日耳曼人最强大的一支部落，3世纪南迁进入高卢（今法国南部）东北，定居于莱茵河下游地区。481年，克洛维继任萨利克部落酋长后，开始全力向高卢扩张，消灭了法兰克其他酋长势力。486年，击溃西罗马在高卢的残余势力，占领高卢大部分地区，建立了墨洛温王朝，以巴黎为首都。部落贵族与亲兵成为封建主，一般法兰克人则成为农村公社中的自由农民。当地的罗马贵族、罗马教会、隶农、奴隶与散居的自由农民依然存在，与法兰克人逐渐融合。486—496年，东征莱茵河中上游阿勒曼尼亚（今属德国），496年法兰克统治阶层皈依了基督教，得到罗马人的大力支持。507—510年，南征西哥特，占领阿奎丹（今法国西南部）。6世纪后，先后征服易北河以西图林根（今属德国）和勃艮第，合并普罗旺斯和加斯科尼（今法国西南部），成为西欧最强大的国家。

● 查理曼帝国

中世纪西欧早期的封建帝国，因建立者查理大帝（查理曼）而得名。查理原是法兰克王国加洛林王朝国王，故又称加洛林帝国。查理大帝统治时期（768—814年），版图西南至厄布罗河，北临北海，东至易北河和多瑙河，南面包括意大利北半部。800年，查理接受罗马教皇加冕，号称"罗马人皇帝"，称查理曼帝国，定都亚琛（今德国境内）。

● 查理大帝

查理曼（742—814年），法兰克王国加洛林王朝国王，查理曼帝国创建者，是法兰克王国加洛林王朝建立者矮子丕平之子，在他执政的46年间，励精图治，使法兰克王国达到鼎盛。查理曼的重要之处是，他超越了神圣罗马帝国的版图和世界。他是天主教会最伟大的支持者和守卫者，并且透过教会来鼓励学术和艺术。他在天主教会设立学校，以教育官员和贵族，借此改善政府的形象。他还从事法律的搜集和编撰工作，以此改善司法体制，此外还创造了封建制度，一方面作为控制地方的手段，一方面又能维持中央的权力。

● 教皇国

位于亚平宁半岛中部，是由罗马教皇统治的世俗领地。在基督教早期，教会处于非法状态，直至罗马皇帝君士坦丁大帝给予基督教合法地位。5世纪时，西罗马帝国遭到蛮族的不断入侵，意大利的基督教会组织起来，在罗马主教的治理下，逐渐成为意大利中部地区事实上的世俗统治者。6世纪后，教皇国的雏形开始出现，但是查士丁尼大帝治下的拜占庭帝国对意大利展开了一系列征服活动，破坏了教皇国的政治和经济基础。7世纪，随着拜占庭帝国的衰落，罗马教会作为意大利最大的土地所有者，再度对拜占庭势力所不及的罗马城周围地区统治。728年，伦巴底国王路易特普兰德将拉丁地区的一些乡村和城镇捐献给罗马主教，这些土地成为教皇国的立国基石。

● 英吉利王国

5世纪中期，在日耳曼人大迁徙中的盎格鲁人、萨克森人和裘特人等部落渡海进入不列颠，沿泰晤士河和汉伯尔河向内地推进，赶走当地居民，建立了7个小王国，史称"七国时代"。829年，威赛克斯王爱格伯特征服其他六国，建立英吉利王国。1066年，诺曼底公爵威廉率军在英格兰登陆，入主伦敦，开创了诺曼王朝，至此封建化过程完成。诺曼王朝结束后，发生20多年的王位之争。1154年，安茹伯爵亨利入主英国，开创了安茹王朝。约翰时期，被迫签署了《大宪章》。1265年，首次召开议会，建立等级君主制。13世纪初，与法国爆发百年战争。兰加斯特王朝发生玫瑰战争。至约克王朝末期，英吉利建立了著名的都铎王朝。英吉利王国最后一个封建王朝斯图亚特王朝于19世纪中期被英国资产阶级革命推翻。

● 德、法、意三国的形成

德、法、意三国是由查理曼帝国三分而成的，但德意志、法兰西、意大利3个国家作为独立的国家，则开始于843年的《凡尔登条约》。817年，皇帝路易一世把帝国分给3个儿子：洛泰尔、查理和路易，以防止其死后产生纠纷和诸侯叛乱，但事与愿违，路易一世死后，他的3个儿子为争夺领土爆发内战。843年8月，洛泰尔和2个弟弟在凡尔登签订停战条约。根据条约，帝国一分为三：些尔德河和缪斯河以西地区归查理，称西法兰克王国；莱茵河以东地区归日耳曼人路易，称东法兰克王国；北起北海，南至意大利中部、北部及查理和路易所有地区之间的狭长地带，归洛泰尔所有，同时由洛泰尔承袭皇帝称号。

● 《凡尔登条约》

分割法兰克人的查理曼帝国的条约。这一条约是查理曼帝国瓦解的第一阶段，预示近代西欧国家的形成。路易一世（查理大帝之子）曾经安排由第一个妻子所生的3个儿子继承产业，但从829年起，他又想把大部分领地分给第2个妻子所生的小儿子（查理二世），从而引起长子的数次造反。840年，路易一世死后，爆发了公开的战争。路易的第三子日耳曼路易联合查理攻击长兄——皇帝洛泰尔一世。洛泰尔在丰特努瓦败北求和。843年8月，在凡尔登达成协议，洛泰尔仍保持帝号，获得中法兰西亚，包括今比利时、荷兰、德国西部、法国东部、瑞士和意大利大部的一个狭长地带。日耳曼路易获得东法兰西亚，即莱茵河以东的地区。查理获得西法兰西亚，即今法国的大半部分。

● 议会

议会一词来源于拉丁文，原意是谈话式辩论，最初以一种代表集会的形式出现，经过长期的演变和发展，最终作为民主的基本形式在许多国家普遍确立。1258年，英格兰国王亨利三世的妹夫西蒙·德·孟福尔男爵武装闯宫，迫使亨利同意召开会议签订限制王权的牛津条例。根据牛津条例，国家权力由贵族操控的15人委员会掌握，为此引进了新名称——Parliament，此词出自法语，意为"商议"，后在英语中表示"议会"。

● 采邑制

中世纪在西欧实施的一种土地占有制度。采邑原指西欧中世纪早期国王封赏给臣属终身享有的土地。法兰克王国墨洛温王朝时期，国王对于服军役或执行其他任务的臣属，以封赐土地或金钱等作为恩赏，称作采邑（采邑一词的原意为恩赏）。

采邑制最初是查理·马特在担任法兰克王国宫相时实施的，他将土地及当地农民一起作为采邑制分封给有功劳的人，以服骑兵役为条件，供终身享用，但是不能世袭。到了查理·马特的儿子时，把大部分土地当做采邑制分封给臣下，查理大帝也把通过战争夺来的土地分封给有功将领，这样使得采邑制遍及全国。英国则从威廉一世开始也实行采邑制，规定每个骑士采邑供养一名骑士，为国王服役。此后，国王下面的大封建主也把自己的土地作为采邑分封给下属，而这些下属又把自己的土地作为采邑分封给自己的下属，从而形成了一个以土地为纽带的领主与下属之间的关系，这样领主既要负起保护下属土地的责任，而下属也有义务效劳，为领主作战。

● 北欧海盗的入侵

北欧海盗是来自挪威、瑞典和丹麦的胡作非为的强盗。800—1100年，他们乘着长体船活跃在西北欧的海岸线上，见到可夺的财宝便劫掠而去。人们都被北欧海盗闪电般的抢劫吓得心惊胆战。北欧海盗手持剑刃、长矛和斧头。有钱的北欧海盗（维京人）骑马作战，被称为"凶猛"斗士的突击部队带头进攻。"凶猛"一词在挪威语里是"赤身裸体"的意思，因为他们从来不穿盔甲。一场战斗之前，他们大碗喝酒，吞食药物，变成乱砍乱杀之人，并相信奥丁神会让他们安全无恙。北欧海盗一词是后来才开始使用的，当时的人们称他们为斯堪的纳维亚人。

"维京人"一词可能源于维克，是挪威境内的一个海盗窝地。维京人向东穿越了波罗的海，然后北上维斯杜拉河，后进入第聂伯河。维京人向西航行，在不列颠三岛活动，又向南骚扰西班牙，进入地中海。最为胆大冒进的各种北欧海盗的航行是向外寻求，跨过了那时还不为人所知的大西洋北部的广阔水域。

● 十字军东征

1096—1291年发生的6次宗教性军事行动的总称，是由西欧基督教（天主教）国家对地中海东岸的国家发动的战争。东征期间，教会授予每一个战士十字架，组成的军队称为十字军。十字军东征一般被认为是天主教的暴行。尽管如此，十字军东征使西欧直接接触到了当时更为先进的拜占庭文明和伊斯兰文明。这种接触，为欧洲的文艺复兴开辟了道路。

● 僧侣骑士团

骑士团出现于中世纪的十字军东征期间，系西欧封建主为保卫他们在东方所侵占的领地而建立的宗教性封建军事组织。历史上著名的三大骑士团，即：善堂骑士团（12世纪初）、圣殿骑士团（约1118年）和条顿骑士团（1198年），其使命是镇压十字军国家中人民的反抗，保卫并扩大十字军领地。这三个骑士团不久便发展为精锐的职业军，能够在任何地方与敌人交手。他们在欧洲大规模招兵买马，其实力日渐强大。就表面上的形式和性质而论，骑士团是一种僧侣帮会，其宗教方面的约束类似于修道士。骑士团内部实行严格的集权制。罗马教皇给予骑士团各种特权，其中最为重要的一条是，不受十字军国家的僧俗统治者管辖。

● 西欧城市的发展

中世纪，西欧的城市一般都兴起于国王或教俗封建主的领地上，他们像对待自己的庄园那样对待城市，行使其领主权。西欧新兴的城市首先在意大利发展起来，如威尼斯、热那亚、米兰、佛罗伦萨。威尼斯原是拜占庭的属国，在以农业为主的欧洲，它是第一个依赖商业贸易生存的国家。西欧城市的大量涌现，还是在11—13世纪。佛兰德尔地区的城镇布鲁日、根特从英国进口羊毛，形成北欧的工业中心；在莱茵河、波罗的海和北海沿岸，也出现了汉堡、不来梅、卢卑克等城市；在内地的商路上则出现定期大集市，其中以香槟伯爵领地的集市最为有名。中世纪西欧城不大、人不多，最大的城市多在南欧，西西里岛的城市巴勒莫在盛期据说有30万人口，巴黎在13世纪的人口为24万，伦敦在12世纪的人口为3万，到13世纪为4.5万。

● 诺曼底王朝

英格兰的一个王朝，一共有4位国王曾统治英格兰，统治时间由征服者威廉之后的1066年开始，直至1154年。当史蒂芬的外甥亨利二世即位后，也开启了金雀花王朝时期。

英国是大西洋中的一个岛屿国家，和欧洲大陆隔海相望，11世纪中叶英国的国王叫哈罗德，他不喜欢和英国以外的国家交往，也不喜欢诺曼底人。位于现在法国的诺曼底公国的公爵威廉早就看上了英国王位，他发现哈罗德不懂外交，盲目自大，便用武力征服英国，建立自己的王国，从此开始了英国历史上的诺曼底王朝。威廉一世死后，相继由两个儿子威廉二世和亨利一世继位。亨利死后，威廉一世之外孙斯蒂芬继承了王位，从此金雀花王朝取代了诺曼底王朝。

● 亨利二世改革

亨利二世，英格兰国王，也是法国的诺曼底公爵、安茹伯爵和阿基坦公爵。他所创立的金雀花王朝是英格兰中世纪最强大的一个封建王朝。该王朝本名叫安茹王朝，但是因为纹章用金雀花的小枝做装饰，所以通常人们叫它金雀花王朝。亨利二世在英格兰进行一系列改革，加强了王权，同时也将征收盾牌钱固定下来。他采用陪审制，提高王室法庭的地位，把大部分司法权力集中于国王手中，实际上亨利二世对英国习惯法的形成起到了很大作用。

●《末日审判书》

正式名称应是《土地赋税调查书》或《温切斯特书》。英王威廉一世下令进行的全国土地调查情况的汇编，目的在于了解王田及国王的直接封臣的地产情况，以便收取租税，加强财政管理，并确定封臣的封建义务。1086年，由国王指定的教俗封建主在全境进行广泛的土地调查，把全国划分为7—8个区，每个区包括若干郡，按郡、百户区、村的系统了解情况。调查内容包括当地地产归属情况，每个庄园的面积、工具和牲畜数量，各类农民人数，以及草地、牧场、森林、鱼塘的面积，该地产的价值等。调查结果汇总整理，编定成册，称《土地赋税调查书》。

● 《自由大宪章》

英国封建专制时期宪法性文件之一，又称《大宪章》。1215年6月15日，英国贵族胁迫约翰王在兰尼米德草原签署的文件。文件共63条，用拉丁文写成。多数条款维护贵族和教士的权利，主要内容有：保障教会选举教职人员的自由；保护贵族和骑士的领地继承权，国王不得违例征收领地继承税；未经由贵族、教士和骑士组成的"王国大会议"的同意，国王不得向直属附庸征派补助金和盾牌钱；取消国王干涉封建主法庭从事司法审判的权利；未经同级贵族的判决，国王不得任意逮捕或监禁任何自由人或没收他们的财产。《自由大宪章》是对王权的限定，后来成为近代资产阶级建立法治的重要依据之一。

● 英国民族国家的形成

15世纪，英国农村中的乡绅阶层逐渐崛起，成为议会中的新兴力量。他们支持王权，反对分裂，促进了英国的政治统一。当时，伦敦已经成为全国的政治、经济、文化中心，同时，英格兰民族语言——英语也在伦敦方言的基础上发展起来。这一切标志着英国民族国家的形成。

● 威廉一世

诺曼底公爵，英格兰国王。征服者威廉为人严厉、残忍，而且精力旺盛。有两个因素对威廉的性格及他对历史的影响起了不容忽视的作用。其一是他的私生子身份。1035年，8岁的威廉即位，他的私生子身份使他经历了比其他人更多的嘲讽、歧视和挑战，他的三个监护人和老师先后被人杀害。这就促成了日后威廉冷酷、多疑的性格。另一个因素则是诺曼底的传统。诺曼底公国是法国国王在无奈之下封给入侵的诺曼人的产物，于841建立。公国实行集权统治，有一支相对固定的军事力量和相对固定的财政收入，还有着诺曼人固有的尚武和善于航海的传统。这些因素，帮助了威廉的征服，并影响了他日后在英国建立的一系列制度。

● 查理一世

英格兰、苏格兰、爱尔兰国王，英国历史上唯一一位被公开处死的国王。1625 年，即位为不列颠国王，称查理一世，1625 年 6 月，召开第一次议会。由于议会对其宠臣白金汉公爵专权和西班牙战争失利的不满，拒绝了给国王征收关税的特权，形成了议会与国王的对立。1629 年，查理违反请愿书的规定，并且派人拘捕议会中言行激进的议员，然后解散议会，之后的 11 年间，未再召开过议会，被称为"残酷统治"的 11 年。1640 年 11 月，议会再次召开，但仍然拒绝与国王合作。查理一世以叛国罪逮捕 5 名议员，并亲率卫队到议会抓人未果。这次事件标志着国王与议会的决裂，成为英国内战的导火索。1646 年春，议会军围困牛津，国王军投降，第一次内战结束。1648 年，第二次内战结束，查理一世被俘。1649 年 1 月，特别法庭判处查理一世死刑。

● 红白玫瑰战争

又称蔷薇战争，通常指英国兰开斯特王朝和约克王朝的支持者之间为了英格兰王位的继承权而展开的内战。两个家族都是金雀花王朝皇族的分支，是英王爱德华三世的后裔。玫瑰战争不是当时所用的名字，它来源于两个皇族所选的家徽，兰开斯特的红玫瑰和约克的白玫瑰。该战争大部分由马上骑士和他们的封建随从组成的军队所进行。兰开斯特家族的支持者主要在国家的北部和西部，而约克家族的支持者主要在南部和东部。玫瑰战争所导致的贵族的大量伤亡，是贵族封建力量的削弱的主要原因之一，导致了都铎王朝控制下的强大的中央集权君主制的发展。

● 英法百年战争

指英国和法国，以及后来加入的勃艮第，于 1337—1453 年爆发的战争，是世界最长的战争，断断续续进行了 116 年。12 世纪中期，英国金雀花王朝在法国占有广阔领地，12—13世纪，法国国王逐渐夺回部分被英王占领的土地。14世纪初，英国仍占据法国南部阿基坦地区，成为法国政治统一的最大障碍，双方还争夺富庶的佛兰德地区。英国对法国的这场战争，虽说一部分原因是受弗兰德商人的挑拨，但更多的则是英国对法国长期积累的怨恨所致。在战争中，英国失去了原有的法国境内的土地诺曼底和阿奎丹，英国的领土只剩下英伦三岛。从此英国和法国的领土彻底分开，成为各不相干的两个国家。百年战争，不论对英国或法国人民来说都是一场灾难，当时又是黑死病流行的时代，在战争和疫病的双重打击下，英法两国的经济大受创伤，民不聊生。但是，法国最后亦因为这场战争完成了民族的统一大业，为其日后在欧洲大陆的扩张打下基础。英国在百年战争后不但一无所获，还丧失了几乎所有在法国的领地，结果迫使其放弃大陆称霸的企图，转而向海上发展，从而走上了海上帝国的道路。

● 圣女贞德

被称为"奥尔良的少女"，是法国的民族英雄、军事家，天主教会的圣女，法国人心中的自由女神。英法百年战争时，她带领法国军队对抗英军的入侵，支持法国查理七世加冕，为法国胜利做出贡献，但最终被俘，被宗教裁判所以异端和女巫罪判处火刑。

● 法兰西民族国家的形成

13世纪初，法国打败英国，成为西欧强国，之后经过路易九世的改革，法国王权得到加强。14世纪，腓力四世公开与教皇对抗，他创建三级会议，并最终控制了教权，巩固了封建统治。之后，经过百年战争和路易十一对各封建势力的兼并，法国政治上达到了统一。法国的民族意识也在反抗外国侵略和政治统一的过程中形成了，法国各部族逐渐融合为法兰西民族。至此，法国开始成为政治统一的民族国家。

● 议会君主制

议会君主制又称议会制君主立宪制，是以议会为国家最高立法机关和国家最高权力机关，君主不直接支配国家政权的政体形式，但君主仍保留显赫的地位和象征国家团结统一的尊严，仍是国家政治制度中不可或缺的组成部分。在这种政体形式下，内阁必须从议会中产生，并对议会负责，君主只履行任命手续。

● 路易九世改革

路易九世被尊为"圣路易"，法国卡佩王朝第9任国王（1226—1270年在位），他被奉为中世纪法国乃至全欧洲君主中的楷模，绰号"完美怪物"。尽管他没有给法国带来什么革命性的变化，但他有效的统治，给法国带来了一个稳定繁荣的时期，加强了法国王室的权威和地位，为法国王室在半个多世纪后的英法百年战争的沉重打击下屹立不倒，并进而形成法国民族国家打下了一定的基础。他对法国更大的影响还在于司法改革，与同时代英国的司法改革方向相反，法国的改革是将司法权收归王室法庭所有，规定叛逆、矫诏、铸假币等重要案件均必须在王室法庭审理。他还鼓励文学、艺术，对巴黎大学的发展起积极作用，在他的时代，外国留学生云集巴黎。巴黎出现的大量哥特式建筑是其繁荣时代的见证。

● 横扫欧洲的黑死病

黑死病是人类历史上最严重的瘟疫之一，起源于亚洲西南部，约在1340年散布到欧洲，黑死病之名是当时欧洲的称呼。这场瘟疫在全世界造成了大约7500万人死亡，其中2500万为欧洲人。据估计，中世纪欧洲约有1/3的人死于黑死病。黑死病对欧洲人口造成了严重影响，改变了欧洲的社会结构，动摇了当时支配欧洲的罗马天主教教会的地位，并因此使得一些少数族群受到迫害。

● 德意志王国

德意志民族的产生是一个延续许多世纪的过程。一般认为，德国历史开始于919年。这一年，萨克森公爵亨利一世取得了东法兰克王国王位，建立了德意志王国。亨利一世的儿子奥托一世继承王位后，为了取得所谓上帝授予的皇权，于962年强迫教皇约翰十世在罗马给他加冕，成为"罗马皇帝"，德意志王国便成为"德意志民族的神圣罗马帝国"，史称"德意志第一帝国"。神圣罗马帝国始终不是一个中央集权的统一国家。随着地方封建势力日益强大，皇帝的权力便不断衰落，形成了不少的邦国。德意志是第一个战胜罗马帝国的民族。在这四分五裂的帝国中，最大的两个邦国是普鲁士和奥地利。

● 腓特烈一世

绰号红胡子，霍亨斯陶芬王朝的德意志国王和神圣罗马帝国皇帝（1155年加冕）。他也是德意志的士瓦本公爵和意大利国王。腓特烈一世像所有有才干的皇帝一样，试图在德意志境内驾驭桀骜不驯的诸侯。他在1158年颁布采邑法令，要求所有接受采邑者为皇帝服兵役。他的另一个重大举措是把大的诸侯领地分割成多块，因此在1156年将奥地利从巴伐利亚公国分出来，使之成为独立公国。腓特烈一世对意大利的强烈兴趣使意大利事务成为他生命中最主要的部分。1189年，腓特烈一世在与教皇和解后，与狮心王理查一世和腓力二世·奥古斯都一起领导了第三次十字军东征。

● 哈布斯堡王朝

欧洲历史上统治领域最广的王室，其家族成员曾出任神圣罗马帝国皇帝（1273—1291年，1298—1806年），奥地利公爵（1282—1453年）、大公（1453—1804年）、皇帝（1804—1918年），匈牙利国王（1526—1918年），波希米亚国王（1526—1918年），西班牙国王（1516—1700年），葡萄牙国王（1580—1640年），墨西哥皇帝（1864—1867年）和意大利若干公国的公爵。哈布斯堡王朝后期繁衍甚广，因而出现奥地利哈布斯堡王朝、西班牙哈布斯堡王朝和哈布斯堡—洛林王朝三个分支。

● 汉萨同盟

以德意志北部城市为主形成的商业、政治联盟。汉萨一词，德文意为"公所"或者"会馆"，12世纪中叶逐渐形成，14世纪达到兴盛，加盟城市最多达到160个。1367年，成立以吕贝克城为首的领导机构，有汉堡、科隆、不来梅等大城市的富商、贵族参加，拥有武装和金库。1370年，战胜丹麦，订立《斯特拉尔松德条约》。同盟垄断波罗的海地区贸易，并在西起伦敦、东至诺夫哥罗德的沿海地区建立商站，实力雄厚。15世纪转衰，1669年解体。

● 威尼斯共和国

意大利北部威尼斯人的城邦，以威尼斯为中心，其存在时间为9—18世纪。威尼斯这名称的拉丁语意思是指"最尊贵的"。威尼斯以前是拜占庭帝国的一个附属国，于9世纪获得自治权。在中世纪盛期，威尼斯由于它控制了欧洲与黎凡特的贸易而变得非常富裕，并开始往亚得里亚海方向扩张。威尼斯海军在1204年的第4次十字军东征中，为攻打君士坦丁堡起了决定性的作用。15世纪早期，威尼斯人开始在意大利内部和达尔马提亚扩张。从18世纪开始，虽然威尼斯共和国能继续统治威尼斯地区、亚得里亚海沿岸地区和艾奥尼亚群岛，但已经衰落。

● 佛罗伦萨共和国

佛罗伦萨原为罗马帝国殖民地。5世纪末，臣服于东哥特王国。6世纪中叶，为东罗马帝国所统治。6世纪下半叶，为伦巴德王国征服。8世纪末，并入法兰克王国。962年，隶属神圣罗马帝国。1115年，成为独立的城市公社。12世纪下半叶，建立市政领导机构。1187年，击败神圣罗马帝国皇帝亨利六世，其自治权得到承认，成为独立的城市共和国。14世纪，开始对外扩张，先后征服皮斯托亚、沃尔泰拉和阿雷佐。15世纪初又征服比萨，获得经阿诺河到地中海的出海口，成为托斯卡纳地区霸主。1434年，美第奇家族夺取政权，建立僭主政治。1494年，法国侵入佛罗伦萨，美第奇家族被逐。1569年，美第奇家族依靠西班牙支持，建托斯卡纳大公国，以佛罗伦萨为首府，共和国历史结束。

● 梵蒂冈城市国家

梵蒂冈在拉丁语中意为"先知之地"。梵蒂冈原为中世纪教皇国的中心。公元4世纪开始，罗马城主教利用罗马帝国的衰亡，乘机掠夺土地，6世纪时获得罗马城的实际统治权，称为"教皇"。756年，法兰克国王丕平把罗马城及其周围的区域送给教皇（教会史上称为"丕平献土"），后来成为西欧教会和政治生活的中心，在意大利境内成立了以罗马为首都的教皇国，直辖领土面积达4万平方公里以上。

亚洲中世纪的政治舞台

● 阿拉伯帝国

中世纪阿拉伯人建立的伊斯兰教国家。唐代以来的中国史书，均称之为大食国，而西欧则习惯将其称为萨拉森帝国。712年，出兵西班牙被认为其鼎盛时期的开端。疆域东起印度，西临大西洋及与法兰西接壤，南至莫桑比克苏丹国，北迄高加索山，形成横跨亚、非、欧三洲的封建大帝国。帝国的政治宗教中心原在麦加——麦地那，倭马亚王朝时移至大马士革，阿拔斯王朝时又迁至巴格达。8—9世纪，为极盛时期，后因民族矛盾和内部分裂等原因，逐渐衰弱。

● 阿拉伯半岛的统一

阿拉伯半岛位于亚洲和非洲之间。它从中东向东南方伸入印度洋，是世界上最大的半岛；向西它与非洲的边界是苏伊士运河、红海和曼德海峡；向南它伸入阿拉伯海和印度洋；向东它与伊朗隔波斯湾和阿曼湾相望。6—7世纪，阿拉伯半岛正处在社会激烈动荡和变革时期，奴隶主与奴隶之间、各氏族部落之间、民族之间的矛盾错综复杂，特别是拜占庭、波斯和阿比西尼亚等帝国长达几个世纪的侵略战争，给阿拉伯半岛的人民带来深重的灾难。在内外矛盾交织、社会危机四伏的情况下，只有把分裂的阿拉伯半岛统一起来，才能抵御外族入侵，促进社会政治、经济的发展。

● 麦地那

伊斯兰教先知穆罕默德创建的伊斯兰教初期的政治、宗教活动中心。622年，穆罕默德在麦加受排挤而避往麦地那，并在当地成立最早的伊斯兰教政权，麦地那成为伊斯兰国家的第一个首都。迁徙于此后，改名为麦地那——纳比，意为先知之城，简称麦地那。

● 倭马亚王朝

阿拉伯帝国的第一个世袭王朝。在伊斯兰教最初的4位哈里发的执政结束之后，由阿拉伯帝国的叙利亚总督穆阿维叶（即后来的哈里发穆阿维叶一世）建立。穆阿维叶作为哈里发，是政治、军事和宗教的最高首领，集政权、军权和神权于一身，废止了哈里发的选举制度，实行世袭的君主制。倭马亚王朝的集权主义是相对的，哈里发的权力远未达到东方专制君主那样的绝对独裁，他的权力在很大程度上受各省总督和阿拉伯部落长老会议制约。

● 白益王朝

945—1055年，统治伊朗西部及伊拉克的一个王朝，由里海南岸的德莱木人建立。王朝名称来自建立者阿里之父白益。934年，阿里占领法尔斯的都城设拉子。945年，其弟艾哈迈德进入巴格达，哈里发穆斯台克非成为白益家族的傀儡。一般来说，三位最有权势的白益埃米尔乃是控制了法尔斯、吉巴尔及伊拉克的埃米尔。有时一位统治者可能管治两个地区，但没有任何一位白益埃米尔可以取得三个地区的控制权。1055年，塞尔柱人进入巴格达，白益王朝结束。

● 奥斯曼帝国

为土耳其人创立的国家，始于奥斯曼一世，初居中亚，并奉伊斯兰教为国教，后迁至小亚细亚，日渐兴盛。极盛时势力达欧亚非三大洲，领有南欧、中东及北非之大部，西达摩洛哥，东抵里海及波斯湾，北及奥地利和罗马尼亚，南及苏丹。自灭亡东罗马帝国后，定都君士坦丁堡（改名伊斯坦布尔），且以罗马帝国继承人自居，故其帝视自己为天下之主，继承了罗马帝国及伊斯兰文明，东西文明在其手中因而得以融合。

● 土耳其的对外扩张

奥斯曼土耳其人原本居住中亚阿姆河，属于西突厥乌古斯人，自古从事游牧，逐水草而居。13世纪时，蒙古人开始向西扩张，迫使他们迁移。最初他们依附于塞尔柱突厥人建立的罗姆苏丹国，1299年，奥斯曼趁塞尔柱罗姆素丹国分裂，正式宣布独立，称号"加齐"，奠定了奥斯曼国家的雏形。1324年，奥斯曼之子奥尔汗即位后，改称总督，建立了常备军，吞并了罗姆苏丹国之大部分地区。1331年，打伤了东罗马帝国皇帝，并攻占了尼西亚城，并迁都于此。1354年，乌尔汗率军渡过达达尼尔海峡，占领了加利波利半岛，并把这里作为进攻巴尔干半岛的桥头堡。奥尔汗对内确立国家行政组织，中央设立迪万，任命维齐尔（即大臣），向各地派行政军事长官和卡迪铸造统一钱币，成为奥斯曼国家的真正缔造者。1360年，素丹穆拉德一世（1360—1389年在位）即位后，向东南欧扩张取得决定性的进展。1362年，采取大规模军事进攻，占领埃迪尔内，并以此为都。接着又征服西色雷斯、马其顿、索菲亚、萨洛尼卡和整个希腊北部，迫使保加利亚和塞尔维亚统治者称臣纳贡。1389年，在科索沃战役中大败塞尔维亚、保加利亚、匈牙利联军。这一胜利震动了欧洲各国的统治者。从此，欧洲人只能眼睁睁地看着奥斯曼帝国扩张。

● 伊斯坦布尔

公元前658年，始建于巴尔干半岛东端、博斯普鲁斯海峡南口西岸，位于金角湾与马尔马拉海之间的地岬上，当时称拜占庭。324年，罗马帝国君士坦丁大帝从罗马迁都于此，改名君士坦丁堡。1453年，土耳其人将其作为奥斯曼帝国首都后，始称伊斯坦布尔，但西方国家仍习惯称君士坦丁堡。

● 君士坦丁堡的陷落

正当拜占庭王朝衰落之际，在其身旁遽然而起了一个新兴的帝国——奥斯曼帝国。此时，奥斯曼帝国已经靠近了欧洲，定都布鲁萨使得这个国家的发展方向必然是指向欧洲。1453年初，奥斯曼土耳其苏丹穆罕默德二世率步骑兵17万、舰船320艘，从陆海两面包围君士坦丁堡，企图彻底灭亡拜占庭帝国。4月，土耳其人首先从西面猛攻，他们用每发炮弹重达500公斤的大炮对城墙狂轰滥炸，这是历史上的第一次炮击。但是，陆上进攻接连受挫，在海上其舰队也未获成功。5月，穆罕默德二世再次发动全面攻击，甚至把自己精锐的侍卫队亦派上阵去。之后，由于守军人数太少，土耳其军队终于攻进了城池。东罗马帝国的末代皇帝君士坦丁十一世看到大势已去，决心战死殉国，在混战中被土耳其人所杀。当天夜里，土耳其人占领君士坦丁堡全城。君士坦丁堡的陷落，标志着延续1000多年的东罗马帝国的灭亡。随后，土耳其把君士坦丁堡改名为伊斯坦布尔。

● 拔都西征

蒙古汗国的第二次西征（1236—1241年），窝阔台汗遣拔都等诸王率军征服伏尔加河以西诸国的战争。1236年春，成吉思汗长子术赤的长子拔都、次子察合台的长子拜答儿、三子窝阔台的长子贵由、四子拖雷的长子蒙哥各统本王室军，万户以下各级那颜亦分遣长子从征，以拔都为统帅，速不台副之，共15万大军，自各地出发，秋季抵伏尔加河东岸集中。是年冬，拔都率军渡过伏尔加河，攻克烈也赞（另作"也烈赞"，今莫斯科东南亚赞州里亚赞城）、科罗木纳（今莫斯科东南科洛姆纳城）诸城。1237年，围攻斡罗斯弗拉基米尔大公国都城弗拉基米尔（今俄罗斯莫斯科东北）。之后，拔都派一军突然袭击昔迪河畔之大公军营，全歼其兵。蒙古军由此向基辅公国古都诺夫哥罗德（今俄罗斯诺夫哥德州诺夫哥罗德城）挺进。1238年，拔都遣军渡过顿河，复入斡罗斯南部抄掠。蒙古军继续西进，攻取加里奇公国都城弗拉基米尔——沃伦（今乌克兰西北部沃伦州弗拉基米尔沃伦斯基）和境内其他城市，斡罗斯被蒙古军占领。1239年，拔都、速不台所率中路军分二路向匈牙利进攻。1242年初，窝阔台死讯传至，拔都率军东还。

● 旭烈兀西征

1253年，拖雷之子旭烈兀率军第三次西征，进军西亚。10月，旭烈兀率兵侵入今伊朗西部，进抵两河流域。1256年，旭烈兀统帅蒙古大军渡过阿姆河，6月到达木剌夷境内。1257年初，木剌夷被完全平定。1257年冬，旭烈兀、拜住等率军三路围攻巴格达。1258年初，三军合围，向巴格达发动总攻，阿巴斯王朝灭亡。旭烈兀率军继续西进，兵进叙利亚，直抵大马士革，势力深入到西南亚。由于蒙古军队被埃及军队打败，旭烈兀才被迫停止了西进，留居帖必力思，建立了伊利汗国。

● 帖木儿帝国

亦称帖木儿王朝，是蒙古人帖木儿（又称铁木尔）于1370年开创的一个堪与蒙古帝国、俄罗斯相媲美的庞大帝国，首都为撒马尔罕，后迁都赫拉特（又译哈烈、黑拉特），鼎盛时期其疆域包括今天格鲁吉亚一直到印度的西亚、中亚、和南亚。1507年，亡于突厥的乌兹别克部落。

在铁木尔帝国的建立过程中，当时所有强大的帝国无一能够迎其锋芒，30多年的征服战争，使其建立了一个从德里到大马士革，从咸海到波斯湾的庞大帝国。

● 笈多王朝

4世纪初，北印度小国林立，摩揭陀国王旃陀罗·笈多一世据华氏城（今巴特那）为首都，建立笈多王朝（印度的第一个封建王朝），疆域包括印度北部、中部及西部部分地区。笈多王朝是中世纪印度的黄金时代，大乘佛教盛行，印度教兴起。笈多诸王虽都信奉印度教，但为缓和民族及教派之间的矛盾，采取宗教兼容政策，允许各派宗教自由发展。大乘佛教中心那烂陀寺，成为印度中世纪前期的宗教和学术文化中心。笈多时期，农业生产有了相当的发展，手工业的进步表现在炼铁、棉纺织业和造船上，对外贸易比较活跃。另外，在梵文文学、绘画、雕刻、建筑艺术等方面取得显著成就。

● 戒日帝国

戒日帝国是从笈多分裂后的一个小邦中发展起来的。7世纪初，戒日帝国（606—647年）兴起，哑哒人被逐，戒日王统一了北印度，建都曲女城，其疆域东到孟加拉湾，西迄旁庶普的几乎整个北印度。

戒日帝国时，封建制度得到进一步发展，并最后确立，其土地原则上仍属国王所有，国王有权处理王田，教俗土地所有者对领地具有世袭权或自由支配权，封建主握有领地上的行政、司法权；戒日帝国时，随着封建制度的形成，逐渐形成新婆罗门教，8世纪经商羯罗改革，形成新印度教；戒日帝国时，种姓制度有了很大变化，婆罗门和刹帝利基本没有变化，但吠舍分化，只剩下少数富有的商贾。首陀罗地位有所上升，与大量破产的吠舍逐渐构成新型的首陀罗种姓——依附农。这样，名称未变，内容有了变化，前三个等级是封建主，后一个是依附农阶级。

● 德里苏丹国

德里苏丹国（1206—1526年），共存在了320年，是13—16世纪突厥—阿富汗军事贵族统治北印度的伊斯兰教区域性封建国家的统称，以其建都德里得名。1526年，德里苏丹国被莫卧儿王朝取代。随着德里苏丹国农业、手工业及商品经济的发展，德里苏丹国兴建许多水利工程，普遍推广使用革新的波斯式水车及多种灌溉工具，农业生产有很大发展，农业中出现专门种植商品粮和棉花、蓝靛、甘蔗、香料、果蔬等经济作物的专业性产区。

● 莫卧儿帝国

又名莫卧儿王朝、蒙兀儿王朝，是巴布尔建立的统治南亚次大陆绝大部分地区的伊斯兰教封建王朝（1526—1858年）。莫卧儿王朝通过内政改革，建立了君主专制的中央集权的军事官僚政治体制。权力集中于皇帝一身，由4名重要的大臣辅助。莫卧儿时期有3种土地占有形式，即直属国王的封建领地、贾吉尔达尔的非世袭领地、贾吉尔和柴明达尔制度的世袭领地。莫卧儿社会仍以农业经济为主，农业中商品生产扩大，出现商品粮和棉花、生丝、蓝靛、烟草等经济作物的专业化产区，产品远销欧亚市场。莫卧儿时期的手工业十分发达，主要手工业生产的技术水平超过当时欧洲先进国家。1764年，莫卧儿王朝在布克萨尔战役中沦为英国殖民者的附庸，名义上存在到1858年。

● 圣德太子改革

7世纪初日本的改革运动。圣德太子自593年摄政以来，致力于提高王权的改革。603年，制定官位12阶，以整顿贵族官僚制度。第二年，制定宪法17条，作为贵族必须遵守的政治规范。同时号召"笃敬三宝"（佛、法、僧），崇尚佛教，在全国修建许多寺院。为了达到长治久安的目的，圣德太子积极向中国派遣留学生。在外交政策上实行了重要改革。607年，派遣小野妹子为遣隋使，谋求和隋建立对等的外交关系。此次改革主要限于道德观念方面，没有涉及社会根本问题，收效不大，但是提高了日本的国际地位，促成了中日平等友好邦交，尤其是派遣留学生，积极摄取中国文化，为日本的文明与进步以及大化改新奠定了基础。

● 奈良时代

始于迁都于平城京（今奈良）的710年，止于迁都于平安京的794

年，历经8代天皇。元明女帝是奈良时代的第一代天皇，其后有元正（女）、圣武、孝谦（女）、淳仁、称德（原孝谦）、光仁、桓武等7位天皇。女性在奈良朝占了4代共30年。圣武这一代几乎是皇后光明子掌政，淳仁这一代也是前天皇孝谦的天下。所以，奈良朝可以说是女性的天下。此时的奈良朝受中国盛唐文化的影响，又通过唐朝接受到印度、伊朗的文化，从而出现了日本第一次文化全面昌盛的局面。遣唐使、派往中国的留学僧和留学生在日本文化和美术繁荣方面，起着极大的作用。全国大兴造寺、造像，堂皇的绘画、华丽的装饰艺术，今天仍见于奈良的寺院和正仓院中。

● 平城京

日本历史名城，奈良古称。平城京位于本州中西部、奈良盆地东北端，710—784年，曾为日本首都。平城京是模仿中国唐朝京城长安城建造的，东西长约6公里，南北约4公里。大内与平城宫位于北侧中央，朱雀大路由北向南将京城分为两半，东侧被称为左京，西侧被称为右京，又有数条东西及南北向的大路将城内分为84坊，每坊16坪，其中平城宫占4坊，寺院、东西市、陵墓又占10坊左右。建立时，由各地迁入的人口达20万之众，犹如身在唐长安城一般。透过雄伟壮观的平城京遗迹和出土的木简、土器等文物，一个繁华的、精心模仿大唐盛世的太平时代就在我们的眼前。

● 和歌《万叶集》

日本现存最早的诗歌总集，类似于中国的《诗经》，所收诗歌为4—8世纪中叶长短和歌。诗集共20卷，收诗歌4500首，按内容可分为杂歌、相闻、挽歌等。杂歌涉及面广，四季风物、行幸游宴、狩猎旅行等都在表现之列；相闻大多是恋人、朋友、亲人之间感情上相互慰问的诗歌；挽歌主要指葬礼上哀悼死者的诗歌，也有临终遗作和后人缅怀之作。

《万叶集》在文学史上的价值，不在于它的古老，而在于它反映古代生活的深度及广度，在于它格调的深厚真挚。

● 汉诗《怀风藻》

日本现存最古的汉诗集，天平胜宝三年（751）成书。诗集名为

《怀风藻》，意即"缅怀先哲遗风"。"藻"字则可能典出陆机《文赋》："藻，水草之有文者，故以喻文焉。"全诗集收录64位作者共120首作品。诗歌以五言八句为主，内容包括侍宴从驾、宴游、述怀、咏物等方面，并借用儒道老庄典故，文风浮华，讲求对仗，可看出受中国六朝文学的影响颇深。《怀风藻》的出现，象征自奈良时代起日本文坛对汉文学的重视。值得注意的是，当中的诗歌有很多是宫廷诗宴这种官式场合的酬唱，这也反映当时尊尚汉风文化的潮流。

● 平安时代

日本古代的最后一个历史时代，从794年桓武天皇将首都从奈良移到平安京（今京都）开始，到1192年源赖朝建立镰仓幕府一揽大权为止。奈良朝末期，皇权与贵族势力之间的矛盾激化。为了削弱权势贵族和僧侣的力量，桓武天皇于784年决定从平城京迁都到山城国的长冈（今京都市），筹建新都——平安京，希望借此获得平安、吉利、安宁与和平。由于平安京于794年完工，故史学家常把794年作为平安朝的开始。平安时代的称呼来自其首都的名字。它之前的时代是奈良时代，它之后的时代是镰仓时代。平安时代是日本天皇掌权的顶点，也是日本古代文学发展的顶峰。平安时代，武士阶层得到发展，后期，武士阶层从贵族手中夺取了权力，建立了幕府。

● 源平合战

史称"治承—寿永之乱"，指日本平安时代末期，1180—1185年的6年间，源氏和平氏两大武士家族集团一系列争夺权力的战争的总称。平安时代末期，贵族间充满了权力的冲突与矛盾，最终诉诸武力解决。源平合战对日本历史有着重大的影响，其标志着武士集团的权势跃升，公卿集团的快速衰败。1179年，后白河法皇被平清盛软禁，代表着日本院政制度的崩坏。源平合战结束后，源赖朝于1192年就任征夷大将军，于镰仓设立幕府，开创了日本绵延700余年的幕府制，直至明治时代。

● 大化改新

日本的社会政治变革运动，发生于645年，因此年为大化元年，故名。593年，圣德太子摄政后实行的推古天皇改革，初步确立中央集权制和皇权中心思想，削弱了氏姓贵族奴隶主的保守势力。但改革没有触动部民制，更未摧毁氏姓贵族势力。圣德太子死后，外戚苏我氏专权，排斥改革势力，杀死圣德太子之子山背大兄王，另立天皇。640年，圣德太子派往中国留学30多年的高向玄理、留学僧南渊请安归国，带回隋唐的封建统治制度和思想文化，传授给皇室贵族，为日本的封建化提供了思想基础。

● 武士兴起

武士，10—19世纪在日本的一个社会阶级。一般指通晓武艺、以战斗为职业的军人。武士的雏形是在日本平安时代律令体制下产生的武官，最初是日本恒武天皇为了巩固政权而设立的。在平安时代以前，除了奴隶，所有的壮丁都有责任和义务成为天皇募兵的对象。平安时代早期（8世纪末—9世纪初），恒武天皇想要在北本州岛巩固和扩张自己的统治范围，开始向地方豪族求助，提出将授予征夷大将军的称号给任何替代自己讨伐北本州的地方势力。这些弓马娴熟的地方豪族很快成为了天皇用来剿灭反抗力量的工具。9世纪中期，一些地方领主开始建立保卫自己的私人武装，并利用其扩张势力。这种武装逐渐成为一种制度化的专业军事组织，其基础是宗族和主从关系。10世纪，朝廷无力镇压地方势力的叛乱，不得不借助各地武士的力量，武士进一步得到皇权的承认，成为日本的特权统治阶级。

● 幕府

古时日本一种权力曾一度凌驾于天皇之上的中央政府机构，常以"挟天子以令诸侯"的方式来进行国家统治，其最高权力者为征夷大将军，亦称幕府将军。日本历史上共经历了镰仓幕府、室町幕府、江户幕府三个幕府历史时期，其始于1185年，终于1867年，共682年。幕府本指将领的军帐，但在日本的特殊状况下，演变成一种特殊的政治体制。

● 镰仓幕府的创立

镰仓幕府（1192—1333年），是日本幕府政权的开始，其建立者是武将源赖朝，他于日本平安王朝的末期打败了贵族阶级的实权派平清盛一族，并逼迫在源平之战中为自己立下了汗马功劳的兄弟源义经自杀，达到了一手遮天的目的。镰仓幕府的建立标志着日本由中央贵族掌握实际统治权的时代结束了。在贵族时代地位很低的武士登上了历史舞台，他们鄙视平安朝贵族萎靡的生活，崇尚以"忠君、节义、廉耻、勇武、坚忍"为核心的思想，结合儒学、佛教禅宗、神道教，形成军国主义"武士道"精神。13世纪，元朝军队进入日本，客观上使幕府进一步加强了对日本的统治。镰仓幕府的建立标志着日本天皇成为傀儡、幕府成为实际政治中心的开始。

● 室町幕府的兴起

室町幕府又称足利幕府，日本第二个封建军事政权。从1336年足利尊氏开创武家政权，至1392年为止，日本一直停留于南北朝对立的时代。在南北朝长期间的动乱下，尊氏之孙足利义满次第将混乱的情形压制下来，足利义满以和平统一的口号对南朝提出呼吁，实现南北朝合体的理想，成功地结束长达60年的内乱状态。此外，由于战乱而失去庄园，导致公家的经济力与社会地位衰退，幕府乃乘机将公家的资源吸收过去。足利义满接收了京都的政权和对诸国赋课的征收权，确立幕府本身成为统一全国的政权。足利义满于1378年在京都的室町建造了一个豪华邸宅，称为"花御所"，并在此执行政务，因此足利幕府也被称为室町幕府。

● 德川幕府的盛衰

德川幕府又称江户幕府，日本第三个封建军事政权。德川氏以江户为政治根据地，开幕府以统治天下，故亦称江户幕府。自1603年德川家康受任征夷大将军在江户设幕府开始，至1867年第15代将军庆喜，将政治大权奉还朝廷（即大政奉还）为止，约265年，是继镰仓幕府、室町幕府之后，最强盛也是最后的武家政治组织。

德川幕府时期，中央集权封建制度的完成，都市及商工业的发达，町人文化（商业文明）的发展，对外锁国禁教的政策，儒学（朱子学、阳明学）、兰学（江户时代中期以后由荷兰传入日本的西洋学术）的兴起，使武家政治组织达到最高峰。正是因为这种因果循环，导致德川幕府的没落和衰亡。

幕府末期，由于幕藩至武士财政每况愈下，幕府的威信受到打击，武士以农村为基础，但因不满封建的压迫和榨取，常发生暴乱。此外，加上外国要求通商，幕府虽力事迁就，但大势所趋，使整个幕府体制发生动摇，雄藩群起讨幕，终于迫使幕府走向衰亡之路。

● 日本统一国家的形成

15世纪中期，日本进入了长达百余年的大封建主割据混战的"战国时代"。16世纪中期，大名织田信长先后打败附近大名，于1558年攻占京都，并于1573年结束了室町幕府的统治。1582年，织田信长死后，其亲信丰臣秀吉又进行多次战争，至1590年终于结束了分裂的局面，并把北海道地区首次置于中央政府统治之下，实现了日本的统一。

● 日本"锁国政策"

锁国政策指关门自守，不与外界接触的一种外交政策。1584年，葡萄牙人和西班牙人同日本的贸易非常活跃，曾经一度垄断了日本的对外贸易。紧随商人之后，葡萄牙和西班牙的传教士也来到了日本，在日本传播天主教，天主教的活动及其与地方大名的密切联系，引起了幕府的重视，幕府统治者认识到这可能是对幕府中央政权的一个潜在的威胁。于是，1587年，丰臣秀吉颁布了日本历史上第一个禁教令。1616年，第二代将军德川秀忠采取了进一步禁教措施。1639年，幕府下令断绝同葡萄牙的贸易往来。由于荷兰没有在日本进行传教活动，且支持幕府对农民起义的镇压，因此可以进行贸易活动。此外，日本传统的对外贸易国家中国和朝鲜也仍然可以同日本通商。但是，荷兰、中国和朝鲜同日本的贸易活动也受到严格的管制，只能在长崎一地进行贸易。从此，日本成为一个闭关锁国的国家，这成为德川幕府统治之下的日本的一个重要特征。

● 《源氏物语》

日本的一部古典文学名著，对日本文学的发展产生过巨大的影响，被誉为日本古典文学的高峰。作品的成书年代一般认为是在1001—1008年间，因此可以说，《源氏物语》是世界上第一部，也是世界上最早的长篇写实小说。小说描写了平安京时期日本的风貌，刻画了人性的真实、揭露了宫中的斗争，反映了当时妇女的无权地位和苦难生活，被称为日本的国宝。《源氏物语》在日本开启了"物哀"时代，在这以后，日本的小说中明显带有一种淡淡的悲伤，而"物哀"也成为日本一种全国性的民族意识，随着一代又一代的诗人、散文家、物语作者流传了下来。

非洲沙漠里的繁荣

● 努比亚王国

努比亚人是非洲东北部苏丹的民族，其祖先和埃及王朝前期的居民属于同一民族，自古从事农业，并在苏丹或埃及一些城市从事手工业和商业，社会结构受阿拉伯人影响很大。努比亚人的祖先早在四五千年前便已建立国家，并于公元前8世纪一度征服埃及。后来，苏丹境内的努比亚人又长期遭受埃及压迫。可以说，努比亚与埃及的往来是伴随着战争和掠夺进行的。6世纪，努比亚基督化，在这里出现了多个王国。中世纪的努比亚一般使用希腊字母来书写努比亚的语言。16世纪，努比亚信奉伊斯兰教，努比亚语与阿拉伯语同时被使用。

● 埃塞俄比亚王国

阿克苏姆是埃塞俄比亚的古国。埃塞俄比亚人在3000年前已经开始农耕，创造了很高的文化。约在公元前2世纪，提格雷高地陆续兴起一些城邦，阿克苏姆王国异军突起，统一各部，成为一个繁荣强盛的国家。它向东渡红海，征服也门；向西南沿尼罗河推进，与库施迎面相撞。4世纪，阿克苏姆的奴隶制达到了繁荣的顶点，农业和畜牧业是生产的主要部门，并向邻近国家掠取大量奴隶，用于建筑和各种生产部门。333年，阿克苏姆国王埃扎纳皈依了基督教。5世纪，阿克苏姆的基督教在埃塞俄比亚盛极一时。6—7世纪，由于奴隶制内部的矛盾和阿拉伯帝国的兴起，阿克苏姆开始走向衰落。

● 桑给帝国

975年，波斯设拉子地方的王子哈桑·伊本·阿里，为躲避战乱，带着他的6个儿子，来到了东非海岸。经过若干代，阿里家族依靠知识和文化上的优势，逐渐统一了北起拉木岛（肯尼亚境内）、南至科摩罗岛的东非沿海诸岛和大陆沿海低地。他们把基尔瓦作为首都，建立起了桑给帝国。桑、奔两岛就是该帝国的重要领地。桑给帝国以农、牧、渔业为主要经济活动，但商业已相当活跃，从出土的一些钱币作坊规模可推断出其贸易活动的活跃程度。

● 大津巴布韦文化

大津巴布韦文化是南部黑非洲古代文明的杰出代表，得名于一组古代巨石建筑群遗址。该建筑群大约始于4—5世纪，以此为中心曾先后建立过一些班图人的王国，后经多次重建或扩建，于14、15世纪达到鼎盛。大津巴布韦是介于西面金矿区与东面印度洋两者之间的一处繁荣的贸易中心，但在16世纪初，古津巴布韦王国突然瓦解，大津巴布韦文化也随之走向衰落。

● 贝宁王国

非洲西部古国，位于今尼日利亚境内尼日尔河三角洲以西的森林地带。14世纪前，由来自伊费城的约鲁巴人建立，定都贝宁城。16—17世纪全盛时期势力范围西起拉各斯，东抵尼日尔河三角洲。最著名的国王是埃瓦雷王（约1440—1480年在位）和他的儿子奥佐卢阿（约1480—1504年在位）。葡萄牙人于15世纪末来到贝宁城，此后贝宁城曾是欧洲商人同非洲内地之间的重要贸易中心。17世纪后期，随着大西洋奴隶贸易的发展，贸易中心移到几内亚海岸，贝宁王国遂趋没落。

● 马里王国

13世纪初—17世纪初非洲西部王国。马里本是尼日尔河支流桑卡拉尼河地区的一个小酋长国，由说曼丁戈语的凯塔氏族所组成，一向臣属于加纳王国，以黄金贸易著称，到11世纪中叶逐渐强大。松迪亚塔的统治奠定了马里帝国的基础，其子继位后继续征战，扩大了王国的版图。第9位国王曼萨·穆萨在位时其版图空前辽阔，南起热带雨林，北至撒哈拉大沙漠，西抵大西洋岸，东达豪萨人居住地区，首都为尼亚尼，进入帝国的黄金时代。1360年后马里发生内乱，王位之争层出不穷，国势日趋衰落。

● 加纳王国

非洲西部古国，西苏丹索宁克人建立，首都加纳城。7 世纪时，传说已历经 20 个王朝。8 世纪末，版图包括西非尼日尔河上游和塞内加尔河流域。由于盛产黄金，因而使得西非对北非的贸易兴盛繁荣。阿拉伯商人运来盐、织物、杂货、贝壳（加纳用作货币），换去黄金、奴隶、象牙。商道附近兴起瓦格拉、迭内、廷巴克图和加奥等城市。1076 年，为北非柏柏尔人国家阿尔摩拉维德王朝所占领。加纳国王被迫称臣纳贡，不久恢复独立。此后，分裂为若干小国，国势日衰。

● 埃及反抗十字军的斗争

阿拉伯将领阿穆尔·伊本·阿斯领兵进驻埃及，使其成为阿拉伯哈里发统治下的一个行省。阿拉伯人直接统治埃及约两个半世纪。阿尤布王朝的统治者以抗击十字军著称。王朝创始人萨拉丁率领阿拉伯联军攻打耶路撒冷王国，收复耶路撒冷，挫败英、德、法三国发起的第 3 次十字军东征，成为阿拉伯人爱戴的民族英雄。

1217—1221 年，埃及反抗由奥地利大公利奥波德六世和匈牙利国王安德拉什二世率领奥匈十字军联军进行的第 5 次十字军东征。尽管十字军在埃及登陆后，攻占达米埃塔特要塞，但被迫同埃及签订停战协定，并撤离埃及。

● 埃及抵抗蒙古西征

阿尤布王朝后期的苏丹从中亚等地购买大批马木留克（意为被占有的人）充当卫队，致使马木留克势力大增，并最后夺取政权。马木留克王朝初期的苏丹以制止蒙古人西侵和消灭十字军残余势力而闻名。他们战胜伊儿汗王朝旭烈兀的军队，拔除了地中海东岸的最后几个十字军据点。该王朝进一步实行军事分封制，并逐步确立了封地的继承权。

● 马格里布的独立

马格里布为古代阿拉伯人对今突尼斯、阿尔及利亚和摩洛哥所在地区的总称。7世纪中期—8世纪初期，阿拉伯人逐渐统治马格里布，阿拉伯人的统治促进了马格里布封建社会的形成。柏柏尔人在反抗阿拉伯封建主的斗争中建立起自己的国家。11世纪后，以今摩洛哥为中心，马格里布相继出现了阿尔穆拉比特王朝和阿尔穆瓦希德王朝。13世纪时，马格里布又分立为哈夫斯王朝、阿卜德·阿尔·瓦迪王朝和马林王朝，疆界大体与今突尼斯、阿尔及利亚和摩洛哥相当。

美洲文明的印迹

● 阿兹特克文明

"阿兹特克"一词来自纳瓦特尔语，即"来自阿兹特兰的人"的意思。阿兹特克文明是墨西哥古代阿兹特克人所创造的印第安文明，是美洲古代三大文明之一，主要分布在墨西哥中部和南部，形成于14世纪初，1521年为西班牙人毁灭。

阿兹特克国有比较发达的农业和手工业，实行集权统治，最高首领国王和贵族高居于民众之上，并拥有强大的军队，明显表现出阿兹特克社会已向阶级社会过渡。阿兹特克人的社会组织以氏族为基础，实行公社土地所有制，但已开始出现阶级划分，贵族、祭司、武士和商人构成社会的统治阶级。

● 印加帝国

南美文明的渊源之一，13世纪末期，盖丘人开始取得权力和声望，最后打败了昌盖人建立了塔万廷苏约帝国。塔万廷苏约帝国从传说中的缔造者曼可喀巴科到最后一任帝王、即于1553年死于西班牙人之手的阿塔华尔帕，经历了14任印加王。他们利用千年以来获得的知识以及从以前的文明中继承的精华，建立了神权帝国以及神奇的统治机构，把不同部族归纳在其统治之下。帝国的领土广阔，上起现哥伦比亚的努多德巴斯特地区，下至今智利的乌马勒河。根据考古发掘，当时印加帝国有青铜器皿和刀、镰、斧等劳动工具，其冶炼铸造技术相当精巧。印加人也有发达的农业灌溉系统，绵延的驿道等。考古学家大都认为，印加人的建筑技术、医学、织布和染色技巧相当发达。

● 印加文化

南美安第斯地区印加帝国统治时期的印第安人文化。印加文化的手工业部门主要有制陶、纺织和金属加工。印加人重视农业，他们在坡地上修筑了许多带石砌护墙的梯田，并且建造了复杂的灌溉系统，最长的水渠长达113公里。由于农业生产的需要，印加人已有一定的天文知识和历法，历法用太阴月。印加人以人体各部分的长度作为测量的标准。储藏技术是印加人另一项在技术上和组织上取得的巨大成就。结绳文字，是印加人的一种记录方式，用带结的绳子代表数字，甚至更复杂的意思。印加数字系统使用十进制。交通方面，大约2万公里长的印加大道构成了一个交通网，通过它统治者能够游览整个帝国。这么壮观的工程只有工业革命前的罗马能够和它抗衡。

● 玛雅文明

拉丁美洲古代印第安人文明，美洲古代印第安文明的杰出代表，以印第安玛雅人而得名。约形成于公元前2500年，主要分布在墨西哥南部、危地马拉、巴西、伯利兹以及洪都拉斯和萨尔瓦多西部地区。玛雅文明在物质文化、科学艺术等方面有很大成就。玛雅文明的建筑工程达到世界最高水平，能对坚固的石料进行雕镂加工。通过长期观测天象，已经掌握日食周期和日、月、金星的运动规律；雕刻、彩陶、壁画都有很高艺术价值，被称为美洲的希腊。

玛雅文明属于石器文明，玛雅人没有发明使用青铜器，更不用说铁器；玛雅人掌握高度的建造技术，但不会使用轮车，轮子的概念只在陶器以及一种小玩具等文物中出现，虽然在现实生活中没有实用化，却创造了高度的城市文明；农业以玉米为主食，所以又称为"玉米文明"，没有出现畜牧业的痕迹，农民采用一种极原始的米尔帕耕作法；数学采用二十进制，发现并使用了"零"的概念，掌握高度的数学和天文历法知识；使用独特的象形文字——玛雅文字。

拜占庭帝国的盛衰

● 拜占庭帝国的盛衰

拜占庭帝国又称东罗马帝国，位于欧洲东部，领土曾包括亚洲西部和非洲北部，是古代和中世纪欧洲历史最悠久的君主制国家。395—1453年，拜占庭帝国共历经12个朝代，93位皇帝。帝国的首都为新罗马（君士坦丁堡）。他们的语言是希腊语，他们的文化在许多世纪中是希腊文化，但到7世纪为止他们的官方语言一直是拉丁语。

324年，君士坦丁大帝成为帝国的皇帝，并促使帝国通过一系列的法案和政策以提高君士坦丁堡的地位，使之迅速成为地中海世界的第一大城市。这一系列措施使得新都得到了迅速的发展，城市人口急剧增长，君士坦丁堡的政治中心地位也就决定了其在帝国历史上的巨大作用，也就使其成为了宗教和文化中心。这里经济生活的活跃是其他各种优势条件的形成基础。它的天然地理优势在新都建成之后更充分地发挥出来。君士坦丁堡的建成和启用，标志着拜占庭帝国历史的开端。

1326年，奥斯曼夺取拜占庭在小亚细亚的重镇布鲁萨，控制了马尔马拉海峡，并把首都迁到布鲁萨，开始称为奥斯曼帝国（土耳其）。1421年，苏拉德二世苏丹即位，奥斯曼帝国继续扩张。1453年，土耳其10余万步骑兵及300多条战舰全面围攻君士坦丁堡，伟大的拜占庭帝国和君士坦丁堡终于成为了历史。

● 圣索菲亚教堂

又称圣智大教堂，建于532—537年。圣索菲亚教堂气势恢宏，精美绝伦。教堂宏伟的穹顶由4座大拱门支撑。穹顶和柱子的顶部布满由一小块一小块玻璃组成的美丽镶嵌图案，常以金、银来加以衬托。教堂平面设计为东西向拉丁十字，墙体全部采用清水红砖，大堂顶是绿色的拜占庭式球状尖顶，统领着四翼大小不同的帐篷顶，形成主从式的布局。作为君士坦丁堡的主教堂，圣索菲圣大教堂在拜占庭帝国中起着重要作用，所有的帝王都在那里加冕。

● 《查士丁尼法典》

526年，查士丁尼大帝颁布一项敕令，任命特里布尼厄斯组织一个由10名法学家组成的委员会，主席由"圣宫廷"的前司法长官约翰担任。委员会有权力用现存的所有资料，并可加以增删、修订，随后把这些敕令分别标上发布皇帝的名号，以及施行的对象与日期，再按内容分类，按时间先后排列。这部《敕法汇集》在529年颁布施行，也就是著名的《查士丁尼法典》。534年，《查士丁尼法典》修改后再度颁布。《查士丁尼法典》明确宣布皇权无限，维护教会利益，巩固奴隶主的统治地位。据此可见，查士丁尼编纂法典试图通过法律规范的系统化，达到巩固皇权的目的，并运用这个法典来为其挽救奴隶制的统治服务。

俄罗斯"沙俄"的建立与扩张

● 俄罗斯主体民族的形成

862年，诺曼人发生内讧，其中一部分在军事首领留里克的带领下，进入东斯拉夫人住地，夺取诺夫哥罗德大公的领地及其统治权。879年，伊戈尔由亲属奥列格代为摄政。882年，奥列格沿水路南下，征服了斯摩棱斯克，进而占领基辅。随后，将其统治中心由诺夫哥罗德迁到基辅。他又征服了附近许多小部落及其他一些非斯拉夫部落，形成以东斯拉夫人为主体的幅员辽阔的国家，史学家称之为"基辅罗斯公国"。10—11世纪，基辅罗斯公国在瓦达米尔和雅洛斯拉夫统治下，国势达到顶峰。当时，基辅变成东欧主要的政治与文化中心。雅洛斯拉夫死后，他的儿子们相互争夺。12世纪时，基辅罗斯分裂成几个大公国。13世纪，蒙古西征结束了这个帝国的权力。

● 伊凡四世改革

伊凡四世又被称为伊凡雷帝、恐怖的伊凡、伊凡大帝，俄国历史上的第一位沙皇。1533—1547年为莫斯科大公，1547—1584年为沙皇。伊凡四世3岁即位，1547年加冕称沙皇。1549年，建立重臣会议，编纂新法典。1549—1560年，对中央和地方的政治、行政、法律、财政、军队、宗教等方面进行改革。伊凡四世的政府竭力巩固专制政权，强化国家中央集权。其军事改革的基本内容是，完善军事指挥体系，建立常备军，整顿俄国地方部队的勤务和调整俄国边境守备与屯扎勤务。这次改革奠定了俄国正规军的基础。执政时期，制定了第一部军队条令——《贵族会议关于屯扎和守备勤务决议》。伊凡四世改革，尤其是军事改革，使俄罗斯走向强大。

● "沙皇"称号

"沙皇"是俄罗斯帝国皇帝1546—1917年的称呼。第一位沙皇是伊凡四世，最后一位沙皇是尼古拉二世。1721年，彼得大帝改名皇帝，直到1917年为止，俄国的统治者一直都称为沙皇。在中世纪的俄国，沙皇这个称号指最高统治者，特别是指1810拜占庭的皇帝，而在1240年以后则指蒙古大汗。15世纪，俄国流传一种说法，莫斯科大公是拜占庭皇帝的继承者。在君士坦丁堡落入土耳其人手中后，拜占庭帝国和皇帝的权力就落入了莫斯科大公的手中。到伊凡四世时期，大公称号显得权力不够大，于是1547年1月16日伊凡四世加冕为沙皇。

● 俄罗斯教会改立东正教

东正教又称正教、希腊正教、东方正教，是基督教的一个派别，主要是指依循由东罗马帝国所流传下来的基督教传统的教会，它是与天主教、基督新教并立的基督教三大派别之一。"正教"的希腊语意思是"正统"，与天主教不同，正教由一些被称为"自主教会"或"自治教会"的地方教会组成。这些教会彼此独立，但却有着共同的信仰。1453年，拜占庭帝国灭亡，君士坦丁堡成为奥斯曼帝国的首都。苏丹出于政治考虑，对东正教会采取宽容政策，承认君士坦丁堡普世牧首为被征服的东正教徒总管，其监管范围包括东正教会四大牧首区。16世纪以后，一些国家、地区和民族的正教会先后成立自主教会。君士坦丁堡正教会在督管区基础上成立。1589年，俄罗斯正教会取得自主地位，建立牧首区。以后，使用俄罗斯正教礼仪的教会，常通称俄罗斯正教。

● 索贡巡行

9世纪末，基辅罗斯公国初期向人民征收贡物的一种方式。每年初冬，大公就率领亲兵在其辖区内向居民征收毛皮、蜂蜡、粮食等贡物，甚至掠夺人口。大公把索取的贡物分给他的亲兵，以维系大公与其臣属的关系。索贡巡行是一种原始的剥削形式。由于索取的贡物没有规定的数量，大公及其亲兵往往对人民一征再征，因而激起了人民的反抗。春天，大公的船队满载着征收来的贡品开进黑海，渡海到君士坦丁堡，从那里换回纺织品、铁器、酒等物品。

中世纪的基督教与西欧文化

● 罗马教廷的盛衰

罗马教廷是天主教会的中央行政机构，协助教宗处理整个教会的事务、管理普世天主教会的机构。罗马教廷从古代罗马主教府发展而来，最初无固定机构。1588年，教皇西克斯图五世设立教廷各部门，罗马教廷始告形成，其后教廷体制几经变化。第二次梵蒂冈公会议对罗马教廷体制实行了重大改革。罗马教廷的首脑为教皇，枢机团成员有选举或被选举为教皇的权利，分枢机主教、枢机神父、枢机执事三级，因皆穿红衣，在中国通称红衣主教。狭义上，人们称的教廷仅指天主教的最高行政管理机构。

● 英诺森三世加强教权

英诺森三世，罗马教皇，在巴黎大学攻读神学，曾闭门研修神学理论。1198年，当选教皇。在位期间，教廷权势达到历史上的顶峰，英诺森三世积极参与欧洲各国的政治斗争，曾迫使英国、丹麦、葡萄牙、瑞士等国王称臣。英诺森三世曾发动过第4次十字军东征，镇压异端阿尔比派，批准天主教多明我会与方济各会的成立。1215年，主持召开第4次拉特兰公会议，颁布了圣餐变体说教义。

● 宗教裁判所

13—19世纪，天主教会侦察和审判异端的机构，又译罗马宗教裁判所、审判伽利略异端裁判所、宗教法庭，旨在镇压一切反教会、反封建的异端，以及有异端思想或同情异端的人。宗教裁判所是从13世纪上半期建立的。教皇英诺森三世为镇压法国南部阿尔比派异端，曾建立教会的侦察和审判机构，是为宗教裁判所的发端。霍诺里乌斯三世继任教皇后，于1220年通令西欧各国教会建立宗教裁判所。教皇格列高利九世又重申前令，强调设置机构的重要，并任命由其直接控制的托钵僧为裁判官，要求各主教予以协助。于是，宗教裁判所在西欧天主教国家普遍成立。

● 巴黎大学的成立

巴黎大学是一所在国际上享有盛誉的综合大学，其前身是诺丹（巴黎圣母院）主教学校，成立于12世纪初期。1180年，法皇路易七世正式授予其大学称号，与意大利的博洛尼亚大学以及萨莱诺大学并称欧洲最早的三所大学，故被誉为"欧洲大学之母"。欧洲各主要大学的建立均受此三校影响。在很长时间里，巴黎大学同教皇和国王都有特殊关系。17世纪，宰相黎世留出任巴黎大学的校长，使巴黎大学有了飞速的发展，奠定了它的国际威望。

● 哥特式建筑的兴起

哥特式建筑，或译为歌德式建筑，是一种兴盛于中世纪高峰与末期的建筑风格。它由罗曼式建筑发展而来，为文艺复兴建筑所继承，于11世纪下半叶起源于法国，13—15世纪流行于欧洲的一种建筑风格，其特色包括尖形拱门、肋状拱顶与飞拱，主要见于天主教堂，也影响到世俗建筑。哥特式建筑以其高超的技术和艺术成就，在建筑史上占有重要地位。最负盛名的哥特式建筑有俄罗斯圣母大教堂、意大利米兰大教堂、德国科隆大教堂、英国威斯敏斯特大教堂、法国巴黎圣母院。

● 十四行诗

十四行诗，又译"商籁体"，欧洲一种格律严谨的抒情诗体。最初流行于意大利，彼特拉克的创作使其臻于完美，又称"彼特拉克体"，后传到欧洲各国。由两节四行诗和两节三行诗组成，每行11个音节，韵式为ABBA、ABBA、CDE、CDE或ABBA、ABBA、CDC、CDC。另一种类型称为"莎士比亚体"或"伊丽莎白体"，由三节四行诗和两行对句组成，每行10个音节，韵式为ABAB、CDCD、EFEF、GG。

● 骑士文学

所有关于骑士的文学作品，大致包括骑士抒情诗、骑士传奇、骑士小说及后来的反骑士小说。骑士文学盛行于西欧，反映了骑士阶层的生活理想。以出身而言，最早的骑士来自中小地主和富裕农民。11世纪，十字军东征提高了骑士的社会地位，使他们接触到东方生活和文化，骑士精神逐渐形成了。爱情在他们生活中占主要地位，表现为对贵妇人的爱慕和崇拜，常常为了爱情而去冒险。12—13世纪，是骑士文学的繁荣时期，以法国为最盛。

文艺复兴的繁荣

● 文艺复兴运动

指13世纪末在意大利各城市兴起，以后扩展到西欧各国，于16世纪在欧洲盛行的一场思想文化运动，它带来了一段科学与艺术革命时期，揭开了近代欧洲历史的序幕，被认为是中古时代和近代的分界。13世纪末期，在意大利商业发达的城市，新兴的资产阶级中的一些先进的知识分子借助研究古希腊、古罗马艺术文化，通过文艺创作，宣传人文精神。

● 人文主义之父——彼得拉克

文艺复兴时期意大利早期的著名诗人和学者，人文主义的奠基者。早期资产阶级的艺术和道德观的建立与他是分不开的。他是文艺复兴运动的先驱之一，与但丁、薄伽丘并称文艺复兴前三杰。

● 但丁与《神曲》

但丁，意大利诗人，现代意大利语的奠基者，欧洲文艺复兴时代的开拓人物之一，以长诗《神曲》留名后世。这部作品通过作者与地狱、炼狱及天国中各种著名人物的对话，反映出中古文化领域的成就和一些重大的问题，带有"百科全书"性质，从中也可隐约窥见文艺复兴时期人文主义思想的曙光。在这部长达14000余行的史诗中，但丁坚决反对中世纪的蒙昧主义，表达了执着追求真理的思想，对欧洲后世的诗歌创作有极其深远的影响。

● 达·芬奇

意大利文艺复兴三杰之一，也是整个欧洲文艺复兴时期最完美的代表。他是一位思想深邃、学识渊博、多才多艺的画家，同时也是寓言家、雕塑家、发明家、哲学家、音乐家、医学家、生物学家、地理学家、建筑工程师和军事工程师。他的艺术实践和科学探索精神对后代产生了重大而深远的影响，他是人类智慧的象征。

● 马基雅维利

意大利著名的政治思想家、外交家、历史学家，被西方人誉为政治学之父。他是意大利文艺复兴中的重要人物，尤其是他写著的《君主论》一书提出了现实主义的政治理论，以及《论李维》一书中的共和主义理论。

● 米开朗琪罗

文艺复兴的巨匠，他以超越时空的宏伟大作，在生前和后世都产生了无与伦比的巨大影响。他和达·芬奇一样多才多艺，兼雕刻家、画家、建筑家和诗人于一身。他超越了古稀之年，度过了70余年的艺术生涯，他经历的人生坎坷和世态炎凉，使他的作品带有戏剧般的效果、磅礴的气势和人类的悲壮。

● 画圣——拉斐尔

文艺复兴时期艺坛三杰中最年轻的一位。拉斐尔潜心研究各画派大师的艺术特点，并认真领悟，博采众长，尤其是达·芬奇的构图技法和米开朗琪罗的人体表现及雄强风格，最后形成了独具古典精神的秀美、圆润、柔和的风格，代表了当时人们最崇尚的审美趣味，成为后世古典主义者不可企及的典范。

● 戏剧大师——莎士比亚

英国文艺复兴时期伟大的剧作家、诗人，欧洲文艺复兴时期人文主义文学的集大成者。莎士比亚的代表作有四大悲剧:《哈姆雷特》《奥赛罗》《李尔王》《麦克白》;四大喜剧:《第十二夜》《仲夏夜之梦》《威尼斯商人》《皆大欢喜》;历史剧:《亨利四世》《亨利五世》《理查二世》。此外,还写过154首十四行诗,2首长诗。

● 薄伽丘与《十日谈》

薄伽丘,另译卜伽丘,意大利文艺复兴运动的杰出代表,人文主义者。代表作《十日谈》批判了宗教守旧思想,主张"幸福在人间",被视为文艺复兴的宣言。他与但丁、彼得拉克合称文学三杰。

● 《巨人传》

欧洲文艺复兴时期,各国都有长篇巨著问世,《巨人传》是其中一部杰作,同时它也开创了法国长篇小说的先河。这部长篇巨著,以神话般的人物形象、荒诞不经的故事情节、妙趣横生而又不免流于油滑流俗的独特风格,表现了反封建、反教会的严肃主题,歌颂了新兴资产阶级"巨人"般的力量,描绘了人文主义的乌托邦理想,具有鲜明的时代特点和丰富的思想内容。

● 《乌托邦》

空想社会主义的创始人托马斯·莫尔在他的名著《乌托邦》中虚构了一个航海家航行到一个奇乡异国"乌托邦"的旅行见闻。在那里,财产是公有的,人民是平等的,实行着按需分配的原则,大家穿统一的工作服,在公共餐厅就餐,官吏由秘密投票产生。他认为,私有制是万恶之源,必须消灭它。乌托邦是人类思想意识中最美好的社会,如同西方早期"空想社会主义"。

● 塞万提斯和《堂吉诃德》

塞万提斯,文艺复兴时期西班牙小说家、剧作家、诗人,被誉为西班牙文学世界里最伟大的作家。评论家们称他的小说《堂吉诃德》是文学史上的第一部现代小说,同时也是世界文学的瑰宝之一。他一生的经历,是典型的西班牙人的冒险生涯。

● 日心说的创立者——哥白尼

哥白尼，欧洲文艺复兴时期的一位科学巨人。40岁时提出了日心说，并经过长年的观察和计算完成他的伟大著作《天体运行论》。哥白尼的日心说沉重打击了教会的宇宙观，这是唯物主义和唯心主义斗争的伟大胜利。他用毕生的精力去研究天文学，为后世留下了宝贵的遗产。

● 烈火中永生——布鲁诺

布鲁诺，文艺复兴时期意大利思想家、哲学家。布鲁诺在17岁时进入修道院隐修，学习亚里士多德学派哲学和神学，24岁时被任命为神父。布鲁诺一接触到哥白尼的《天体运行论》，便摈弃宗教思想，承认科学真理。他在《论无限、宇宙及世界》中提出了宇宙无限的思想，他认为宇宙是统一的、物质的、无限的和永恒的。布鲁诺成了宗教的叛逆，被指控为异教徒并被革除了教籍，直至火刑。

● 伽利略

意大利著名数学家、物理学家、天文学家、哲学家、近代实验科学的先驱者。1590年，伽利略在比萨斜塔上做了"两个球同时落地"的实验，从此推翻了亚里士多德"物体下落速度和重量成比例"的学说，纠正了这个持续1900年之久的错误结论。1609年，伽利略创制了天文望远镜（后被称为伽利略望远镜），他发现月球表面的凹凸不平，并亲手绘制了第一幅月面图。1610年，伽利略发现了木星的4颗卫星，为哥白尼学说找到了确凿的证据。伽利略为牛顿运动第一、第二定律提供了启示，他非常重视数学在应用科学方法上的重要性。

● 科学之光——培根

培根，英国哲学家、思想家、作家和科学家。他推崇科学、发展科学的进步思想和崇尚知识的进步口号，一直推动着社会的进步。他在逻辑学、美学、教育学方面也提出许多思想，著有《学术的进步》《新工具》《论说随笔文集》等专著。

● 生理学之父——哈维

哈维，英国科学家、医生、生理学家、胚胎学家。伽利略注重实验的做法，对哈维影响极大，这为他日后研究医学，发现人的血液循环奠定了基础。1628年，发表了划时代的著作《关于动物心脏与血液运动的解剖研究》（中译名称《心血运动论》），标志着近代生理学的诞生，同时也奠定了哈维在科学发展史上的重要地位。

● 近代科学的始祖——笛卡儿

笛卡儿，法国伟大的哲学家、物理学家、数学家、生理学家、解析几何的创始人。笛卡儿是欧洲近代哲学的奠基人之一，熔唯物主义与唯心主义于一炉，在哲学史上产生了深远的影响。笛卡儿的方法论对于后来物理学的发展有重要的影响。他在古代演绎方法的基础上创立了一种以数学为基础的演绎法：以唯理论为根据，从自明的直观公理出发，运用数学的逻辑演绎，推出结论。

● 法国绘画之父——普桑

普桑，17世纪法国巴洛克时期重要画家、法国古典主义绘画的奠基人，他在法国17世纪画坛的至高无上的地位无与伦比。《阿卡迪亚的牧人》为其重要代表作。普桑的艺术素养决定他选择一些具有"崇高风格"的绘画题材，他画的人物也是按照希腊、罗马的雕刻形象来塑造的。他认为，这些形象的可贵处在于符合一种"典范"，所以他画的人物从不来自实际生活。这种非现实的牧歌式悲凉情调，在一定程度上，表露了画家当时的处境与对艺术的憧憬。

● 圣彼得大教堂

罗马基督教的中心教堂，欧洲天主教徒的朝圣地与梵蒂冈罗马教皇的教廷，位于梵蒂冈，是全世界最大的教堂。教堂最初是由君士坦丁大帝于326—333年在圣彼得墓地上修建，称老圣彼得大教堂。16世纪，教皇朱利奥二世决定重建圣彼得大教堂。在长达120年的重建过程中，意大利最优秀的建筑师布拉曼特、米开朗琪罗、德拉·波尔塔和卡洛·马泰尔相继主持过设计和施工，直到1626年才正式宣告落成，称新圣彼得大教堂。

● 巴洛克

巴洛克艺术产生于16世纪下半期，盛行于17世纪，衰落于18世纪。巴洛克艺术的特点：既有宗教的特色又有享乐主义的色彩；是一种激情的艺术，具有浓郁的浪漫主义色彩；强调运动与变化是巴洛克艺术的灵魂；关注作品的空间感和立体感；强调艺术形式的综合手段；带有浓重的宗教色彩；多数巴洛克的艺术家有远离生活和时代的倾向。巴洛克建筑是17—18世纪，在意大利文艺复兴建筑基础上发展起来的一种建筑和装饰风格，特点是外形自由，追求动态，喜好富丽的装饰和雕刻，常用穿插的曲面和椭圆形空间。

宗教改革的曙光

● 宗教改革运动

16世纪，在欧洲新兴资产阶级以宗教改革为旗号发动的一次大规模反封建的社会政治运动，主要反对教皇通过教会对全国进行控制以及天主教会内的骄奢腐化。1517年，德国维登堡大学神学教授马丁·路德发表《九十五条论纲》，抨击罗马教廷出售赎罪券，矛头直指罗马教皇，拉开了宗教改革的序幕，此后宗教改革运动迅速在欧洲展开，并且形成一些派别。宗教改革沉重打击了封建制度和天主教教会，促进了民族意识的觉醒和民族语言文化的发展，为后来的资产阶级革命扫清了道路，在政治、经济和社会各方面具有深远的影响。

● 胡司宗教改革

15世纪早期捷克宗教改革运动，因其发动者胡斯得名。15世纪初，胡斯提出改革教会，反对教会敛财腐化，主张用捷克语举行仪式，1415年被处以火刑。改革的拥护者把反天主教与争取民族解放结合在一起，掀起了胡斯战争。胡斯运动主要有两大派，以农民、手工业者、城市贫民为主的激进的塔波尔派，以及代表中小贵族和上层市民利益的温和的圣杯派。两派曾共同对敌，挫败了德国皇帝组织的十字军的5次进攻。

● 马丁·路德的宗教改革

马丁·路德，16世纪欧洲宗教改革倡导者，新教路德宗创始人。1517年，以学术争论的方式在维登堡城堡大教堂的大门上张贴出了"欢迎辩论"的《九十五条论纲》，指责某些教会弊端而无意攻击教会本身，在第71条中还明确肯定教皇的赦罪权。1519年，连续发表《关于教会特权制的改革致德意志基督教贵族公开信》《论教会的巴比伦之囚》和《论基督徒的自由》等文章，公开提出教皇无权干预世俗政权。路德的拥护者行动起来，宗教改革运动如燎原之火，迅猛发展。

● 宗教改革家——加尔文

加尔文，法国著名的宗教改革家、神学家，基督教新教的重要派别加尔文教派（在法国称胡格诺派）创始人。加尔文向其他国家传播新教教义，他的教义在荷兰、苏格兰和英格兰影响很大，对新教的发展有相当重要的贡献，在理论上奠定了归正宗的基础。他的神学名著是《基督教原理》。

● 赎罪券

亦称"赦罪符"，拉丁文意为"仁慈"或"宽免"，后被引申为免除赋税或债务。1313年，天主教会开始在欧洲兜售此券。教皇宣称，教徒购买这种券后可赦免"罪罚"。赎罪券变质为教会搜刮钱财的工具，引起了宗教人士及百姓的不满，并由此引发对现在都具有深远影响的宗教改革运动。1562年，因为更正教和罗马教都对赎罪券不满，天特大公会议决定停止赎罪券的发行。

● 新教

基督新教，简称新教，是16世纪宗教改革运动中脱离天主教而形成的新宗派，或是其中不断分化出的派系的统称。新教的抗议精神可以追溯至14世纪的一些宗教改革先行者，英国的威克里夫派以及罗拉德派、波希米亚的胡斯运动和意大利的萨伏那洛拉的信徒。16世纪末—17世纪，新教的主要宗派在教会的组织与崇拜仪式上已有基本雏形，对于教义的认定上经过长期的争论也逐渐成为体系。

● 耶稣会的创立

耶稣会为天主教的主要修会之一，又称耶稣连队。1535年8月15日，由西班牙罗耀拉的依纳爵应当时基督新教的宗教改革而成立，获得罗马教廷教宗的许可。耶稣会最主要的任务是教育与传教，在欧洲兴办许多大学，培养出的学生除是耶稣会人才外，也活跃于政界与知识分子当中，著名的如笛卡儿。

新航路的开辟

● 亨利王子的航海探险

亨利王子，葡萄牙亲王，因设立航海学校、奖励航海事业而被称为"航海者"。在他的支持下，葡萄牙船队在非洲西海岸至几内亚一带，掠取黑人、黄金、象牙，并先后占领马德拉群岛等。亨利王子自幼沉静踏实，喜好钻研，专心致志于既定目标。他随船队到达休达后，刻苦研究了大量历史文献，积累了宝贵的航海资料。他确信，地球上尚有许多未知的大陆等待人们去发现。于是，一个宏大的设想在他的脑海里初步形成。他认定，葡萄牙历史上一个新的时代即将开始。

● 哥伦布发现新大陆

哥伦布，意大利航海家，先后4次出海远航，发现了美洲大陆，开辟了横渡大西洋到美洲的航路，证明了大地球形说的正确性，促进了旧大陆与新大陆的联系。哥伦布一生从事航海活动，相信大地球形说，认为从欧洲西航可达东方的印度和中国。在西班牙国王支持下，先后4次出海远航（1492—1493年，1493—1496年，1498—1500年，1502—1504年），到达了西欧人认为的美洲大陆，他也因此成为名垂青史的航海家，开辟了横渡大西洋到美洲的航路。

● 达·伽马开辟新航路

达·伽马，葡萄牙航海家，从欧洲绕好望角到印度航海路线的开拓者。1497年，受葡萄牙国王派遣，达·伽马率船从里斯本出发，寻找通向印度的海上航路，经加那利群岛，绕好望角，经莫桑比克等地，于1498年5月到达印度西南部卡利卡特。伽马通航印度，促进了欧亚贸易的发展。在1869年苏伊士运河通航前，欧洲对印度洋沿岸各国和中国的贸易主要通过这条航路，这条航路的通航也是葡萄牙和欧洲其他国家在亚洲从事殖民活动的开端。

● 麦哲伦第一次全球航行

麦哲伦，葡萄牙著名航海家和探险家，发现麦哲伦海峡。1519—1521年率领船队首次环航地球，死于与菲律宾当地部族的冲突中。虽然他没有亲自环球，但他船上余下的水手却在他死后继续向西航行，回到欧洲，完成第一次环球航行。麦哲伦被认为是第一个环球航行的人。

● 德雷克

1540年出生于英国一个贫苦农民的家庭，从学徒干到水手，最后成为商船船长。1568年，德雷克的商船由于受到风暴袭击，泊进西班牙港修理，但后来遭到西班牙的袭击，仅有德雷克和其表兄幸免，他发誓一定要向西班牙复仇，就此确定了其一生的轨迹。1572年，德雷克召集了一批人乘坐小船横渡大西洋，横穿美洲大陆，第一次见到了浩瀚的太平洋。在南美丛林里他们抢劫了运送黄金的骡队，又抢劫了几艘西班牙大帆船，成功返回了英国，成为英雄，被授予英格兰勋爵头衔。1577年，他再次从英国出发，乘着旗舰"金鹿号"直奔美洲沿岸，一路打劫西班牙商船，被称为海上魔王。

● 大航海时代

又称地理大发现，指在15—17世纪，世界各地，尤其开辟横渡大西洋到达美洲、绕道非洲南端到达印度的新航线以及第一次环球航行的历史事件与地理学上的重大突破。这些远洋活动促进了地球上各大洲之间的沟通，并随之形成了众多新的贸易路线。伴随着新航路的开辟，东西方之间的文化、贸易交流大量增加，殖民主义与自由贸易主义开始抬头。欧洲则在这个时期快速发展并奠定了超过亚洲的基础。人们不仅在这个时代中发现了新的大陆，增长了大量的地理知识，也极大促进了欧洲的海外贸易，并成为欧洲资本主义兴起的重要环节之一。大航海时代是人类文明进程中最重要的历史之一。

● 新航路的开辟

15—16世纪之交，西欧各国本想探寻通往东方的航线，经过一系列航海探险活动开辟了通往印度和美洲等世界各地的航路，这些航路通常被称为新航路。

新航路的开辟引发了"商业革命"，表现为世界市场的扩大，流通商品种类的增多和商路贸易中心转移。新航路开辟以后，世界上原来互相隔绝的地区沟通起来，这可以说是世界各个地区之间联系加强的第一步；引起了"价格革命"，促进了欧洲国家阶级关系的变化；证明了地圆学说；为世界市场的形成准备了条件，世界由此开始打破以往孤立封闭的状态，增强了联系，逐渐开始一体化过程，早期的殖民活动与掠夺也随新航路的开辟而开始；以西班牙、葡萄牙为首的殖民帝国对亚非拉各国进行了早期的殖民扩张，西方殖民时代就此开始；促进了商品经济的发展，封建制度随着新航路的开辟而加速了它的衰落，资本主义也随之加速兴起；新航路开辟后，各个地区、各个民族之间的联系日益紧密。

西方的崛起与殖民

● 西欧各国早期的殖民扩张

16世纪英国殖民扩张的特点是，海盗式的抢劫、贩卖黑人奴隶同一般的商业结合。1588年，英国击败西班牙的无敌舰队，开始树立海上霸权，并由此开始在海外的殖民扩张。17世纪初，法国在北美进行的殖民扩张同英国一样，主要建立了新法兰西和路易斯安那等殖民地。法国在印度东海岸也建立了本地治理的殖民据点。荷兰的殖民扩张几乎和英国同时，在亚洲的印尼爪哇岛、马六甲、锡兰、日本等地，在非洲的好望角，在北美的哈德逊河流域，建立了新尼德兰殖民地。

殖民扩张的目的是殖民掠夺，欧洲殖民者早期的殖民掠夺是通过野蛮血腥的手段实现的。

● 《托尔德西里雅斯条约》

西班牙和葡萄牙两国于1494年6月7日，在西班牙卡斯蒂利亚的托尔德西里雅斯签订的一份旨在瓜分新世界的协议。协议规定，两国将共同垄断欧洲之外的世界，并特别将佛得角群岛作为两国的势力分界线，分界线以西归西班牙，以东归葡萄牙。由于麦哲伦的环球航行，1529年两国又签订了《萨拉戈萨条约》，用以明确这一界限在太平洋上的位置。

● 西班牙"无敌舰队"的覆灭

为了争夺海上霸权，西班牙和英国于1588年8月在英吉利海峡进行了一场举世瞩目、激烈壮观的大海战。这次海战，西班牙实力强大，武器先进，战船威力巨大，且兵力达3万余人，号称"最幸运的无敌舰队"。而当时英国军队规模不大，整个舰队的作战人员也只有9000人。两军相比，西班牙明显占据绝对优势。但出人意料的是，这场海战的结局以西班牙惨遭毁灭性的失败而告终，"无敌舰队"几乎全军覆没。从此以后，西班牙急剧衰落，"海上霸主"的地位被英国取代。

● 东印度公司

东印度公司始建于1600年。最初，英国人主要是利用东印度公司从事贸易，慢慢地，东印度公司就成了英国殖民者侵略印度的工具了。1613年，英国在印度西部的苏特拉设立贸易站，不久，又在印度东南部的马德拉斯建立商馆。1698年，东印度公司向印度莫卧儿王朝买下了位于孟加拉湾恒河口岸的加尔各答。东印度公司在这里设立了贸易总部，把印度的粮食和工业原料，源源不断地运回英国，从中获得了丰厚的利润。

● 尼德兰革命

1566年，尼德兰爆发了反对西班牙统治的人民起义，历史上称为尼德兰革命。它是历史上第一次成功的资产阶级革命，是以民族解放战争的形式完成的。革命后，建立了资产阶级共和国。在欧洲还普遍处于封建专制统治的时期，荷兰共和国的出现具有重要意义，它为资本主义在尼德兰北部的发展开辟了广阔的道路，也使人类历史的前景出现一抹灿烂的曙光。

● 英国入侵印度

1600年，英王伊丽莎白一世批准了英国东印度公司负责东方贸易。1612年，东印度公司在苏拉特建起了第一家代理机构，到17世纪中叶，先后在孟买、加尔各答和马德拉斯建立了据点或代理。1670年，查理二世准许公司有权获得领土，并在其控制区内建立军队、铸造钱币和行使其他权力。英国在次大陆依靠东印度公司组建的军队开辟殖民地。17世纪最后10年，东印度公司无可争辩地成为印度次大陆的准国家，拥有了可观的军事力量。

● 法国亨利四世改革

亨利四世也被称为亨利大帝，法国波旁王朝的创建者。考虑到法国还是一个以天主教徒为多数的国度，1593年，亨利四世宣布改宗天主教，5年后颁布了南特敕令，宣布天主教为国教，同时给予新教徒充分的信仰自由，体现了在那个时代很难得的宗教宽容精神，结束了30多年的胡格诺战争，聚集了民心。他任用苏利整顿财政，成效显著。亨利四世以他的名言"要使每个法国农民的锅里都有一只鸡"而流芳后世。

● 胡格诺派

16—17世纪法国新教徒形成的一个派别，又译雨格诺派。该派反对国王专政，曾于1562—1598年间与法国天主教派发生胡格诺战争，后因南特敕令而得到合法地位。该派主要成员为反对国王专制、企图夺取天主教会地产的新教封建显贵和地方中小贵族，以及力求保存城市"自由"的资产阶级和手工业者。

● 三十年战争

由神圣罗马帝国的内战演变而成的全欧洲参与的一次大规模国际战争。这场战争是欧洲各国争夺利益、树立霸权以及宗教纠纷激烈化的产物，战争以波希米亚人民反抗奥地利帝国哈布斯堡王朝统治为肇始，最后以哈布斯堡王朝战败并签订《威斯特伐利亚和约》而告结束。

近代篇

英国的资产阶级革命与工业革命

法国的大革命

沙俄的统治

北美独立战争与美国内战

拉丁美洲的独立战争

17—19世纪的欧洲

17—19世纪的亚洲

17—19世纪的非洲

英国的资产阶级革命与工业革命

● 圈地运动

15—19世纪，西欧新兴资产阶级和新封贵族使用暴力剥夺农民土地的过程。这种情况在英、德、法、荷、丹等国都先后出现过，而以英国的圈地运动最为典型。所谓圈地，即用篱笆、栅栏、壕沟把强占的农民份地以及公有地圈占起来，变成私有的大牧场、大农场。大批丧失土地和家园的农民成为一无所有的雇佣劳动者。这是英国资本原始积累的最重要手段之一，而海外的贸易和掠夺是另一个重要手段。

● 英国亨利八世的宗教改革

亨利八世，英国都铎王朝第2任国王，也是爱尔兰领主，后来成为爱尔兰国王。亨利八世推行宗教改革，将新教引入英格兰。他通过一些重要法案，使英国教会脱离罗马教廷，自己成为英格兰最高宗教领袖，并解散修道院，使英国王室的权力因此达到顶峰。

● 清教运动

16世纪中期，英国圣公会内部的改革运动。因主张清除英国国教会内部残留的天主教旧制和繁文缛节，提倡勤俭清洁的简朴生活，故名。清教运动的发动者为卡特赖特。运动后分为温和派与激进派。前者提倡从国教会内部改革，以实现净化教会为目的，在政治上主张君主立宪。后者主张采用长老制，甚至脱离国教会，简化仪式，放弃任何形式的偶像崇拜，在政治上提倡共和制。运动对英国革命起了极大的推动作用。

● 伊丽莎白一世

1558—1603年，任英格兰王国和爱尔兰女王，是都铎王朝的第5位也是最后一位君主。她终身未嫁，因被称为"童贞女王"。她即位时不但成功地保持了英格兰的统一，而且在经过近半个世纪的统治后，使英格兰成为欧洲最强大的国家之一。英格兰文化也在此期间达到了一个顶峰，涌现出了诸如莎士比亚、弗朗西斯·培根这样的著名人物。英国在北美的殖民地亦在此期间开始确立。在英国历史上被称为"伊丽莎白时期"，亦称为"黄金时代"。

● 斯图亚特王朝

初名为斯迪瓦特王朝，是1371—1714年间统治苏格兰和1603—1714年间统治英格兰和爱尔兰的王朝。斯图亚特是第一个成功统治英伦三岛的王室，但其统治实际上不太稳定，经历数次革命，两位君主被革命所推翻。同时，由于斯图亚特王室的天主教背景，导致以新教徒为主的英格兰民众经常质疑君主的宗教倾向，令英伦三岛的不稳定因素增加不少。不过，这些因素促使英国议会权力愈来愈大，令英国最早成为议会制国家，也使英国的民主步伐领先于欧陆诸国。

● 查理一世

英格兰、苏格兰、爱尔兰国王，英国历史上唯一一位被公开处死的国王。1629年，查理违反请愿书的规定，并且派人拘捕议会中言行激进的议员，解散议会，被称为"残酷统治"的11年。1645年，以费尔法克斯爵士和克伦威尔为正副司令的新模范军在纳斯比战役中战胜国王军。查理一世化装逃脱，第一次内战结束。1648年，苏格兰军被议会军击败，第二次内战结束，查理一世被俘。1649年，特别法庭开始审判查理一世，罪名是背叛国家，背叛人民。1月30日，查理一世在白厅宴会厅前被斩首。

● 苏格兰人民起义

1637—1640年，苏格兰人民为反抗英王查理一世专制统治而发动的起义。1603年后，虽然苏格兰与英格兰两国共侍一主，但苏格兰在内政和宗教上仍保持一定的独立性。1637年，查理一世强令苏格兰接受英国国教的主教制、礼拜仪式与公祷书，目的是把专制统治推行到苏格兰，引起苏格兰人民的愤怒。1638年，苏格兰的贵族和资产阶级发动了反英战争，并于1639年攻入英格兰北部，击溃英军。

● 克伦威尔

英国政治家、军事家、宗教领袖，17世纪英国资产阶级革命中，资产阶级新贵族集团的代表人物、独立派的首领。在1642—1648年两次内战中，先后统率"铁骑军"和新模范军，战胜了王党的军队。1647年，率军进入伦敦，驱散议会里的长老派议员。1648年，清洗了国会中长老派的势力。1648年第二次内战爆发，重新联合议会军，击败王党。1649年，在城市平民和自耕农压力下，处死国王查理一世，宣布成立共和国。1653年，建立军事独裁统治，自任"护国主"。

● 马斯顿荒原之战

英国第一次内战的决定性战役。1644年7月初，查理一世的王军同克伦威尔的国会军在马斯顿荒原展开了内战以来首次大规模会战。克伦威尔指挥左翼骑兵很快摧毁了王军第一、第二线骑兵，但是，中路步兵和右翼骑兵遭到王军步兵和骑兵的猛烈反击，处境危急。此时，克伦威尔集中兵力冲入王军步兵阵中，一举击溃王军右翼骑兵，王军溃败。马斯顿荒原之战是英国内战的转折点，它扭转了国会军连连失利的局面，从此掌握了战争主动权。同时，这次会战也是克伦威尔一生的转折点，他对取得会战的胜利起了决定性作用，他的部队从此也以"铁骑军"闻名全国。

● 新模范军

英国内战时期，"长期议会"建立的新型革命军队。1645年，在克伦威尔倡议下，议会通过《新模范军法案》，决定组建一支由国家统一控制和指挥的新型军队。新模范军以克伦威尔的东部联盟军为骨干，以他的"铁骑军"为样板，对原议会军的三支部队进行改组。费尔法克斯任总司令，克伦威尔任副总司令并统率骑兵，不久成为事实上的最高统帅。新模范军在1645年内斯比之战、1648年普雷斯顿之战中战胜王党军，逐步发展为议会的常备军。但是，在1649年克伦威尔镇压平等派士兵起义和远征爱尔兰后，蜕变为维护大资产阶级和大土地占有者利益的工具。

● 英吉利共和国

1649年，克伦威尔领导的议会军打败了王党军队后，于1649年1月处死了国王查理一世，建立了资产阶级民主共和国——英吉利共和国。但是，克伦威尔于1653年宣布就任"护国主"，实际上就是军事独裁专制，共和国名存实亡。1660年，流亡法国的查理二世复辟，共和国结束。

● 掘地派运动

17世纪，英国资产阶级革命期间，代表无地和少地农民的空想共产主义派别，领导人是温斯坦莱和埃弗拉德。1649年，退役军人埃弗拉德带领4个农民到伦敦附近圣乔治山冈开垦荒地，人数渐增，其后温斯坦莱加入，并发表《真正的平等派举起的旗帜》的宣言。1650年，出现了贫民耕种村社公地的运动。由于地主和军队的镇压，到1651年，掘地派运动失败。1652年，温斯坦莱发表《自由法》，详细阐述了掘地派的主张，描绘了公有制共和国的蓝图。该著作被认为是早期空想社会主义的重要文献，与莫尔的《乌托邦》和康帕内拉的《太阳城》齐名。

● 航海条例

英国历史上关于航海贸易的一系列立法。最初的目的是鼓励发展英国的航海事业和海外贸易。1381年，理查二世颁布英国最早的航海条例，1485年和1540年又陆续订立。1661年颁布的航海条例重申1651年航海条例的主要内容，规定某些产品只能运送到英国和爱尔兰或英国其他殖民地。航海条例垄断了英国和殖民地的贸易，维持了英国殖民地对英国的依赖，限制了殖民地的经济发展。

● 三次英荷战争

英国的航海条例排挤了荷兰在国际贸易中的作用，危及荷兰的海上利益，导致两国的三次贸易战争。第一次英荷战争（1652—1654年），双方海战逐渐由封锁反封锁的贸易战发展为主力舰队间争夺制海权的决战，英国控制了制海权。1654年，两国签订《威斯敏斯特和约》，荷兰承认英国的海上霸主地位。第二次英荷战争（1664—1667年），英国与荷兰争夺海外殖民地。1666年，经过修整恢复的荷兰舰队击败了英国舰队。1667年，英国被迫签订《布雷达和约》，在贸易权上做出让步，并重新划定了海外殖民地。第三次英荷战争（1672—1674年），英法联合舰队与荷兰进行了两次斯库内维尔海战，后法国退出，英荷都无力继续再战，于1674年签订《威斯敏斯特和约》，战争结束。

英国通过三次战争耗尽了荷兰的贸易和海军实力，夺取了海上霸主地位，建立了海权—贸易—殖民地的帝国主义模式，成为世界海军发展史上的里程碑。与此同时，侧舷炮战的海战样式得到巩固和发展，形成了战列舰和巡洋舰的舰种划分。

● 光荣革命

1688—1689年，英国资产阶级和新贵族发动的推翻詹姆斯二世的统治、防止天主教复辟的非暴力政变。西方历史学家因为这场革命未有流血，故称之为光荣革命。贯穿于复辟时期28年的历史，主要是围绕着两个斗争焦点而展开的：第一，力图实行君主专制的势力与维护议会权利的势力之间的斗争；第二，国王用种种手段企图恢复并加强天主教，而英国国教徒及其他新教徒则反对这种企图。经过20年的革命起义、军事专政后，至17世纪60—80年代，中下层人民没有自己的组织，贵族、资产阶级也对暴力流血深感畏惧。因而，不经暴力而经过妥协来解决上述的基本矛盾，是唯一可行的道路。1688年的光荣革命，实质上就是走的这样的道路。此后，英国历史就以这个重心为新的起点，以徐缓渐进的方式向前发展。

● 《权利法案》

为避免斯图亚特王朝复辟的前车之鉴，英国决定以法律形式限制国王的权力，于是在议会上、下两院共同召开的全体会议上，向荷兰詹姆斯二世的女儿玛丽和女婿威廉提出了一个"权利宣言"，要求国王以后未经议会同意不能停止法律的效力，不经议会同意不能征收赋税，任何天主教徒不得担任英国国王，任何国王不能与罗马天主教徒结婚。威廉接受了这些要求，即英国王位，是为威廉三世，玛丽即位为英国女王，是为玛丽二世。1689年，议会通过了"权利宣言"并制定为法律，是为《权利法案》，由此确立了英国君主立宪政体的理论和法律基础。

● 资产阶级革命

指由资产阶级领导的反对封建社会制度的革命。17—18世纪，英国爆发了资产阶级革命，为资本主义制度的确立开辟了道路。新航路开辟以后，英国利用有利的地理位置拓展对外贸易，进行殖民掠夺，出现了采用资本主义经营方式的牧场和农场。由此，工场主、商人、银行家和农场主等组成的新兴资产阶级成长起来。17世纪，英国国王竭力推行封建专制，鼓吹"君权神授"。资产阶级和新贵族的权力受到侵害，他们利用议会同国王展开斗争。1649年，查理一世被推上断头台，英国成立了共和国；1688年，光荣革命使英国资产阶级革命胜利结束；1689年，《权利法案》标志着英国君主立宪制的确立；1701年《王位继承法》，确立了英国君主立宪制的基本原则。

● 黑三角贸易

16世纪开始的黑三角贸易（奴隶贸易）指欧洲奴隶贩子从本国出发装载盐、布匹、朗姆酒等物品，在非洲换成奴隶，沿着所谓的"中央航路"通过大西洋，在美洲换成糖、烟草和稻米等物品后返航。在欧洲西部、非洲的几内亚湾附近、美洲西印度群岛之间，航线大致构成三角形状，由于被贩运的是黑色人种，故又称黑三角贸易，历时400年之久。

● 工业革命

又称产业革命，指资本主义工业化的早期历程，即资本主义生产完成了从工场手工业向机器大工业过渡的阶段。工业革命是以机器生产逐步取代手工劳动，以大规模工厂化生产取代个体工场手工生产的一场生产与科技革命，后来又扩充到其他行业。大多数观点认为，工业革命发源于英格兰中部地区。18世纪，珍妮纺织机的出现，标志着工业革命在英国乃至世界的爆发。18世纪中期，英国人瓦特改良蒸汽机后，由一系列技术革命引起了从手工劳动向动力机器生产转变的重大飞跃，随后传播到英格兰再到整个欧洲大陆，19世纪传播到北美地区。后来，工业革命传播到世界各国。

工业革命是资本主义发展史上的一个重要阶段，它实现了从传统农业社会转向现代工业社会的重要变革。工业革命是生产技术的变革，同时也是一场深刻的社会关系的变革，它使社会明显地分裂为两大阶级——工业资产阶级和工业无产阶级。

● 蒸汽机时代

工业革命于18世纪60年代首先从英国开始，大面积向外扩展则在19世纪初期。因此，世界近代史的第二个时期——蒸汽时代起于19世纪初，止于19世纪70年代的第二次工业革命。在这个时期，资本主义的机器大革命开始出现，资本主义的世界体系开始初步确立。一种新的动力机器——蒸汽机的发明和应用，将人类带入了蒸汽机时代。

● 珍妮纺纱机

18世纪中期，英国商品越来越多地销往海外。为了提高产量，人们想方设法改进生产技术。在棉纺织部门，人们先是发明了一种叫飞梭的织布工具，大大加快了织布的速度，也刺激了对棉纱的需求。18世纪60年代，织布工哈格里夫斯发明了珍妮纺纱机的手摇纺纱机，极大提高了劳动生产率。珍妮机的出现是英国工业革命开始的标志，珍妮机的出现使大规模的织布厂得以建立。

● 亚当·斯密与《国富论》

亚当·斯密，苏格兰经济学家、哲学家，经济学的主要创立者。他驳斥了旧的重商主义学说，提出了劳动的基本重要性。他认为，国民财富的产生主要取决于两个因素：一是劳动力的技术、技巧和判断力，二是劳动力和总人口的比例，在这两个因素中，第一个因素起决定性作用。1776年，《国富论》第一次出版，全书包括2卷共5部。书中总结了近代初期各国资本主义发展的经验，批判地吸收了当时的重要经济理论，对整个国民经济的运动过程做了系统的描述，被誉为"第一部系统的伟大的经济学著作"。《国富论》的首次出版，标志着经济学作为一门独立学科的诞生，是现代政治经济学研究的起点。

● 史蒂芬孙与火车

史蒂芬孙，英国铁路机车的主要发明家。1814年，蒸汽机车——"布拉策号"，研制成功。1825年，史蒂芬孙在达林敦和斯托顿之间首次驾驶自己同别人合作制造的"旅行者号"进行铁路运输，获得成功。"旅行者号"牵引着6节煤车，20节挤满乘客的车厢，载重达90吨，时速15英里。它向全世界宣告了铁路时代的到来。

法国的大革命

● 三级会议

法国中世纪的等级代表会议。参加者有教士（第一等级）、贵族（第二等级）和市民（第三等级）三个等级的代表。通常是国家遇到困难时，国王为寻求援助而召集会议，因此会议是不定期的。它的主要职能之一是批准国王征收新税。在会议期间，三个等级各自讨论议案，只有在拟定对国王的回答时才举行联席会议。三个等级，不分代表多少，各有一票表决权。

● 巴士底狱

巴士底狱始建于14世纪，原是一座防御外来侵略的军事要塞。它由8个巨大的塔楼组成，塔楼之间由高24米，宽3米的城墙相连，城墙上筑有枪眼，配置重炮；四周环绕一道宽26米，深8米的壕沟，只有吊桥与外面连接，被视为一座固若金汤的城堡。从16世纪起，巴士底狱逐渐失去军事要塞的作用，成为一个禁锢政治犯的重要监狱，是封建专制统治的象征。1789年7月14日，成千上万的群众喊着"打到巴士底狱去"的口号攻克这座封建堡垒，标志着法国资产阶级革命的开始。

● 《人权宣言》

1789年8月26日，法国制宪会议通过的《人权和公民权宣言》，简称《人权宣言》，是法国革命史上的重要文件。它宣布"人生来是自由的、在权利上是平等的"；言论、集会、出版、人生等自由和反抗压迫是"天赋"的，不可剥夺的权利；国家主权属于人民。《人权宣言》体现了启蒙思想家提出的要求，这在当时与封建统治的专制、等级制度相比具有进步意义。同时《人权宣言》明确保障私有财产神圣不可侵犯，这反映了它的阶级实质。

● 法兰西第一共和国

法国大革命期间建立的法国历史上第一个资产阶级共和国。1792年9月22日，新选出的议会即国民公会开幕。国民公会通过废除君主制的议案，宣布成立法兰西共和国，即历史上称为的法兰西第一共和国，是代表工商业资产阶级利益的吉伦特派和雅各宾派的专政。热月政变后，历经有热月党人、督政府和执政府时期。1804年5月，为拿破仑建立的法兰西第一帝国所代替。

● 吉伦特派

法国大革命期间，推翻波旁王朝既而掌握实权的共和派，因其中很多人原是吉伦特省人，因此被称为吉伦特派。1791年10月—1792年9月，控制立法议会，以激烈抨击宫廷的姿态出现，在1792年的瓦尔密战役中击败普鲁士军队，打败了第一次反法联盟。1792年，吉伦特派达到权力和声誉的顶峰。

● 雅各宾派

法国大革命时期参加雅各宾俱乐部的资产阶级激进派政治团体。1793年6月2日，雅各宾派推翻吉伦特派统治，取得政权，当时的主要领导人有罗伯斯比尔、丹东、马拉、圣茹斯特等。雅各宾派政府组织爱国力量，严厉打击国内外反革命势力，限制资产阶级投机活动，规定物价最高限额，赢得了革命的胜利。

● 马拉被刺

马拉，法国政治家、医生、大革命时期民主派革命家。1783年，马拉弃医从政，1789年大革命爆发后，投入战斗。他创办的《人民之友》报（初称《巴黎政论家》）成为支持激进民主措施的阵地。他猛烈抨击当权的君主立宪派的温和政策，要求建立民主制度，消灭贫富悬殊的社会状况，反对富有者的统治，尊重穷苦人的地位。马拉激烈反对吉伦特派的统治，1793年7月13日在巴黎寓所被一名伪装成革命家的吉伦特派支持者夏洛蒂·科黛刺杀。

● 法国大革命

18世纪，资本主义在法国部分地区已相当发达，但由资产阶级、农民和城市平民组成的第三等级仍处于被统治地位。1789年7月14日，巴黎人民起义，攻占巴士底狱，法国大革命爆发。8月26日，制宪会议通过《人权与公民权宣言》，简称《人权宣言》，确立人权、法制、公民自由和私有财产权等资本主义的基本原则。革命初期，代表大资产阶级和自由派贵族利益的君主立宪派（斐扬派）取得政权。第一、二等级和大资产阶级取得妥协，但和占法国人口大多数的农民和城市平民的矛盾依然没有缓和。1792年8月10日，巴黎人民再次起义，推翻君主立宪派统治，逮捕国王路易十六，宣布成立法兰西共和国，吉伦特派取得政权，并把主要力量用于反对以罗伯斯比尔为首的雅各宾派。由于吉伦特派将领迪穆里埃叛变投敌，巴黎人民于1793年5月31日发动第三次起义，推翻吉伦特派的统治，建立起雅各宾派专政。雅各宾派颁布《雅各宾宪法》，废除封建所有制，平定吉伦特派叛乱。与此同时，反法同盟被欧洲各封建君主拼凑起来，一轮轮地围剿法国革命，企图恢复法国波旁王朝的封建统治。但是，1794年7月27日，雅各宾中被镇压的右派势力发动热月政变，建立了资产阶级的正常统治，维护了共和政体，在法国国内维护了资产阶级革命的成果。此时，在热月党人的革命政府——督政府中，拿破仑在"雾月政变"后，担负起了扫荡欧洲封建势力、最后巩固大革命成果的重任。

法国大革命摧毁了法国封建专制制度，推翻了法国的君主专制政体，促进了法国资本主义的发展，震撼了欧洲封建体系，推动了欧洲各国革命的发展。

● 热月政变

法国大革命中推翻雅各宾派罗伯斯比尔政权的政变，因发生在共和二年热月，故名。1794年7月27日，罗伯斯庇尔前往国民公会，场内开始出现"打倒暴君"的呼声以及逮捕罗伯斯庇尔等人的要求，并且国民公会宣布罗伯斯庇尔"不受法律保护"，对其加以逮捕。7月28日，罗伯斯庇尔等22人因此被送上断头台。热月政变后，法国政局相对稳定，进入维护大革命成果时期。

● 罗伯斯庇尔

法国革命家，法国大革命时期重要的领袖人物，雅各宾派政府的实际首脑之一。罗伯斯庇尔是法国大革命中最有争议的人物之一。有些人认为，他过于理想主义或思想僵硬，缺乏实际行动能力；另一些人则认为，他善于审时度势，能够抓住适当时机采取行动。罗伯斯庇尔在恐怖统治时期扮演的角色是争议最大的问题。批评者认为，他是恐怖统治的理论家，极端残忍，双手沾满鲜血，应为恐怖时期大量无辜者遇害负责；支持者认为，他在委员会实际起到了节制激进派的作用。不管怎样，罗伯斯庇尔在法国和世界历史上的影响是深远的。

● 督政府

法国大革命时期，根据《共和三年宪法》建立的政府。1795年10月，热月党人解散国民公会，成立新的政府机构——督政府。1796—1797年，督政府派拿破仑远征意大利并取得重大胜利，军人势力开始抬头。1797年，立法机构选举时，许多王党分子当选。督政府为打击王党势力，宣布选举无效。1798年，立法机构选举时，雅各宾派的残余势力大批当选，督政府再次宣布选举无效。这种政策历史上称为秋千政策。1799年，拿破仑发动雾月政变，结束了督政府的统治。

● 拿破仑

拿破仑·波拿巴，即拿破仑一世，法国军事家、政治家、法兰西第一共和国第一执政、法兰西第一帝国及百日王朝的皇帝，曾镇压过叛乱，粉碎了欧洲"反法联盟"的7次武装干涉，打破了欧洲的封建秩序，促进了欧洲各国人民的觉醒，稳定了法国大革命的社会局面，使法国资产阶级革命的思想得到了更为广泛的传播。尽管拿破仑的对外战争具有明显的侵略性和兼并别国领土的性质，但直至今日一直受到法国人民的尊敬与热爱。

● 雾月政变

1799年11月9日，拿破仑以解除雅各宾派过激主义威胁法兰西第一共和国为借口，开始行动，他派军队控制了督政府，接管了革命政府的一切事务，开始了为期15年的独裁统治。这一天是法国共和历雾月18日，所以，历史上称拿破仑在这天发动的政变为雾月政变，史上通称雾月十八日政变。

● 《法国民法典》的颁布

1804年公布施行的《法国民法典》是一部典型的近代民法典，体现了"个人最大限度的自由、法律最小限度的干预"的立法精神；是第一部资本主义国家的和以资本主义经济制度为基础的民法典；是法国大革命的产物，虽然其中仍留有若干旧思想的残余，但终究是革命思想的体现，这种革命思想就是自由资产阶级思想家的自由思想和人权思想；是《人权宣言》在法律形式上的体现。

● 法兰西第一帝国

拿破仑一世统治时期的资产阶级军事专制国家。1804年5月18日，《共和十二年宪法》颁布，宣布法国为法兰西帝国，拿破仑为帝国皇帝，称拿破仑一世。12月2日，罗马教皇庇护七世在巴黎圣母院为拿破仑加冕，这就是历史上的法兰西第一帝国。

● 波旁王朝的衰弱与复辟

17、18世纪之交，波旁封建专制王权逐渐由盛而衰，社会矛盾、税制不公、政府腐败、罗马天主教会特权和土地兼并严重等因素，终于使波旁王朝在1792年被巴黎民众的起义推翻。但是，1814年拿破仑政权的倒台，使得流亡英国的普罗旺斯伯爵，在反法联军和国内新贵的奉迎下，返国即位为法王路易十八。好景不长，拿破仑于1815年重建帝国，立百日王朝，路易十八落荒而逃。在滑铁卢战役过后，路易十八得以复位，并和他的弟弟查理十世一直致力维护保王党在国会的势力。

● 滑铁卢战役

1815年3月，英、俄、普、奥、荷、比等国结成的第7次反法联盟，分头进攻巴黎。拿破仑认为，威胁最大的是比利时方面的英普军队，所以要集中兵力对付。滑铁卢是位于比利时首都布鲁塞尔南郊18公里处的一个小镇，英军驻守在一个山岗上，由威灵顿将军率领，法军则由拿破仑亲自指挥。1815年6月18日，举世闻名的滑铁卢战役在小镇南面5公里外的田野上展开。拿破仑率法军7.4万人和246门火炮，联军统帅威灵顿公爵指挥6.7万人和184门火炮，双方在2.25公里的战线上进行一天的浴血鏖战。由于作为侧翼增援的法军格鲁希元帅的错误指挥，从而使拿破仑失去合击英普联军的时机，最终导致滑铁卢战役的失败。滑铁卢战役被认为是对欧洲历史起"转折作用"的一场大战，标志着拿破仑政治生命的终结。

● 神圣同盟

1815年9月，在沙皇亚历山大一世的倡议下，奥地利、俄罗斯和普鲁士三国君主——奥地利皇帝法兰西斯一世、俄罗斯皇帝亚历山大一世和普鲁士国王腓特列·威廉三世——打败拿破仑后缔结的同盟，目的是维护君主政体，反对法国大革命在欧洲所传播的革命思想。

● 七月革命与七月王朝

1830年7月，法国推翻复辟的波旁王朝，拥戴路易·菲利浦登上王位的革命，建立的王朝也就是七月王朝。

7月25日，查理十世颁布敕令：修改出版法、限制新闻出版自由、解散新选出的议会、修改选举制度，破坏了1814年《宪章》的精神。当天下午，反对派起草抗议书，宣布政府已经失去合法性，但并不否认王权。7月28日黎明，起义开始。工人、手工业者、大学生和国民自卫军攻占市政厅。7月29日，起义者控制了巴黎，占领了卢浮宫和杜伊勒里宫，外省发动的起义也取得胜利。起义群众及其领导者要求宣布成立共和国，并在巴黎成立了市政委员会。8月7日，众议院召路易·菲利浦即位，建立了金融资产阶级统治的七月王朝。

沙俄的统治

● 彼得大帝

彼得一世，俄国罗曼诺夫王朝第4代沙皇，著名统帅，1682年即位，1689年掌握实权。彼得一世被认为是俄国最杰出的沙皇，他制定的西方化政策是使俄国变成一个强国的主要因素。因此，人们尊称他为彼得大帝。1697—1698年间，彼得到西欧做了一次长途旅行，他走访工厂、学校、博物馆、军火库，甚至还参加了英国议会举行的一届会议，尽最大努力学习西方的文化、科学、工业及行政管理方法。在政治上，主张建立完整的中央集权统治；在社会问题上，主张实行西方化。在彼得一世的领导下，俄国在南部与土耳其交战，在北部与瑞典交战。通过战争，俄国吞并的领土为其提供了一个"瞭望欧洲的窗口"。彼得在涅瓦河两岸，建立了一座新城市——圣彼得堡，并于1721年把首都从莫斯科迁到此处。

● 彼得一世改革

18世纪初期的彼得一世改革是当时俄国社会提出的要求，也是俄国历史本身发展的必然产物。17世纪末，英国的资本主义的生产关系已经确立，而俄国依然是落后的封建农奴制生产关系，严重阻碍着俄国社会的发展。彼得一世执政后，凭借其至高无上的政治权力，抛弃俄国自大守旧的传统，亲自率团出国考察，学习西欧，实行了自上而下的、大胆果断的全面改革：改革军事，加强国防，夺取出海口；改革和健全国家行政机构；实行宗教改革，加强皇权；改革和发展文化教育事业；兴办近代工业，改变俄国经济落后面貌；扶植商业，发展贸易，提高商人政治地位。彼得一世改革大大增强了俄国的军事实力，削弱了贵族权力，加强了中央集权，提高了行政管理效能，促进了俄国文化教育和科学技术的发展。彼得一世改革对俄国社会发展产生了深远的影响，把俄国推进一个新的历史时代。

● 北方战争

1700—1721年，俄国为夺取波罗的海出海口而发动的对瑞典的战争。彼得一世为从北方打开通向西欧的道路，争夺波罗的海霸权，于1699年利用波罗的海沿岸诸国同瑞典的矛盾、西欧各国正在准备西班牙王位继承战争无暇东顾的有利时机，与萨克森、丹麦缔结了"北方同盟"，为发动反瑞典战争做了准备。1702—1704年，彼得一世乘瑞军主力入侵波兰之机，派兵占领了波罗的海沿岸要塞，开始建造新都圣彼得堡。1704年，俄国同波兰签订《纳尔瓦条约》，波兰参战。1710年，俄土战争爆发，俄军对瑞典的进攻暂停。1713年，彼得一世被迫对土耳其妥协，转而进入芬兰作战。1714年，俄国波罗的海舰队在汉科角海战中获胜，将瑞军赶出芬兰，1719年，战端重启，俄国舰队相继获胜。1720年，俄军进入瑞典，瑞典被迫同俄国恢复和谈。1721年8月30日，缔结了《尼什塔特和约》。战争以俄国获得波罗的海沿岸广大地区和出海口而告结束。

● 圣彼得堡

又称列宁格勒、彼得格勒，位于俄罗斯西北部，波罗的海沿岸，是列宁格勒州的首府，也是仅次于莫斯科的俄罗斯第二大城市。该市于1703年由俄国沙皇彼得一世下令建造，由该城的第一座建筑物——扼守涅瓦河河口的圣彼得保罗要塞命名。1712年，圣彼得堡成为俄国首都，其后200余年，始终是俄罗斯帝国的中心。

● 叶卡特琳娜一世

又称叶卡捷琳娜一世、凯瑟琳一世，俄国皇后、女皇。北方战争时期（1700—1721年），立陶宛小镇马里恩堡被俄军攻占，叶卡特琳娜被掳到舍列麦杰夫元帅家中做女仆。1703年，叶卡特琳娜被彼得一世看中，最终成为其情妇。1707年，二人秘密结婚，从此改名为叶卡捷琳娜。1712年，彼得一世和叶卡特琳娜正式结婚，此后享有俄罗斯王后的王冠。1721年，彼得一世被宣布为全俄罗斯皇帝，叶卡特琳娜也成为皇后。1722年，彼得一世修改了《帝位继承法》，此后皇帝可以按照自己的想法确定皇储。1725年1月，叶卡特琳娜在缅什科夫（特级公爵，俄国亲王，彼得一世最亲密的战友和朋友）的帮助下，宣布即位女皇。叶卡特琳娜一世的贡献在于，完全倚重彼得所信任的大臣，保证了彼得大帝改革能够延续下去。她建立了俄罗斯科学院和叶卡特琳堡，后者成为中西伯利亚重要的城市之一。

● 叶卡特琳娜二世

德国公爵的女儿，14岁随母亲来到俄国，并听从教诲信仰路德教，改名叶卡特琳娜。1744年，叶卡特琳娜以高雅的举止被定为皇储彼得三世的配偶。由于彼得三世有一半的普鲁士血统，他一上台就下令在七年战争中胜利在望的俄罗斯军队停止战斗，退出所占的普鲁士领地，并与普鲁士国王菲特烈二世签订合约。这些举动在俄罗斯民众中引起巨大反响，于是贵族开始物色新的沙皇人选。俄历1762年6月26日，33岁的叶卡特琳娜在近卫军的帮助下，发动宫廷政变。叶卡特琳娜即位时国内环境混乱、形势严峻，为了解决诸多问题，叶卡特琳娜进行了一系列改革。一方面，叶卡特琳娜采取一系列措施巩固贵族阶级的利益以间接巩固自己的皇权；另一方面，积极调整对外政策，摆脱了大量的军事负担，为争霸欧洲积聚力量。叶卡特琳娜二世把彼得一世的改革继续向前推进，铸造了一个强大的俄罗斯帝国。

● "叶氏"的"开明专制"

叶卡特琳娜二世进行的一系列改革，历史上被称为"开明专制"，开明专制主要只针对贵族阶层。一方面，采取一系列措施巩固贵族阶级的利益以间接巩固自己的皇权；另一方面，专制的开明性鲜明地体现在新法典的制定上，它就是带有18世纪启蒙思想性质的《圣谕》，其既想接受进步思想，又维护传统模式；即提倡平等，又重视特权；既维护专制政体，又觉得宽容不无好处。在"开明专制"中，"开明"是有限的、暂时的，"专制"是无限的、长期的。叶卡特琳娜二世，维护着沙皇的专制制度和农奴制度，残酷镇压农民起义，把农奴制强化到了无以复加的地步。

北美独立战争与美国内战

● 波士顿倾茶事件

又称波士顿茶党事件。1773年发生的北美殖民地波士顿人民反对英国东印度公司垄断茶叶贸易的事件。英国政府为倾销东印度公司的积存茶叶，通过《救济东印度公司条例》，垄断了北美殖民地的茶叶运销，引起北美殖民地人民的极大愤怒。1773年12月，波士顿群众集会，要求东印度公司茶船开出港口，但遭拒绝。当晚，反英群众在波士顿茶党组织下，化装成印第安人，将东印度公司的342箱茶叶全部倒入大海。波士顿倾茶事件是一场由马萨诸塞波士顿居民对抗英国国会的政治示威。它是北美人民反对殖民统治暴力行动的开始，是美国革命的关键点之一。

● 莱克星顿的枪声

1775年4月18日，英国总督得知离波士顿不远的康科德藏有民兵的军火武器，于是派出士兵前往查缴没收。工兵保尔·瑞维尔得知消息后，星夜疾驰，通知各个村庄的民兵组织起来，迎击英军。英军和民兵在莱克星顿发生激战。尽管英军赶到康科德，夺取了部分武器，但损失惨重，被迫退回波士顿。莱克星顿的枪声，揭开了美国独立战争的序幕。因此，在美国建国的历史进程中，波士顿具有不可磨灭的作用。

● 大陆会议

1774—1789年，英属北美13个殖民地以及后来美利坚合众国的立法机构，共举办了两届。第一届大陆会议：1774年9月5日，北美殖民地在费城召开了殖民地联合会议，通过了《权利宣言》，要求英国政府取消对殖民地的各种经济限制，重申不经殖民地人民同意不得向殖民地征税，要求殖民地实行自治，撤走英国驻军。尽管这次大陆会议没有提出独立问题，但它是殖民地形成自己的政权的重要步骤。第二届大陆会议：1775年5月10日，在费城召开，通过以武力对抗英国的宣言，建立由华盛顿任总司令的大陆军，从此大陆会议成为革命政权机构。1776年7月，大陆会议通过《独立宣言》，成立美利坚合众国。1781年，大陆会议的作用被美国邦联政府所替代。

● 美国联邦制的形成

联邦制是两个或多个分享权力的政府对同一地理区域及其人口行使权力的体制。创建美国式联邦制所依据的，是一个新的主权或最高统治权。在英国和欧洲的政治理论中，主权是一元的、不可分割的。但是，在1776年美国从英国独立以前存在的帝国危机中，殖民地人提出，虽然英国议会控制帝国的整体事务，但是在实际中，各殖民地的立法机构制定了各自的法律。1767年，美国的政治思想家迪金森已提出要实行联邦制，杰弗逊、亚当斯等也提出这种构想。这些北美思想家、政治家的宣传，为美国实行联邦制奠定了思想基础。

● 华盛顿

美国第一任总统，在美国独立战争中，任大陆军总司令，为美国的独立做出了巨大的贡献。华盛顿在美国独立战争中率领大陆军团赢得美国独立。1787年，主持制宪会议，制定了美国宪法。1789年，经过全体选举团无异议的支持成为美国第一任总统。他在两届的任期中设立了许多持续到今天的政策和传统。在两届任期结束后，他自愿放弃权力不再续任，因此建立了美国历史上总统任期不超过两任的传统。

● 《独立宣言》

一份于由托马斯·杰弗逊起草，并由其他13个殖民地代表签署的，最初声明北美13个殖民地摆脱英国殖民统治的文件。1776年7月4日，第二次大陆会议通过了该宣言。宣言包括三部分：第一部分阐明政治哲学——民主与自由的哲学；第二部分列举若干具体的不平等事例，以证明乔治三世破坏了美国的自由；第三部分郑重宣布独立，并宣誓支持该项宣言。

《独立宣言》虽然是北美殖民地上层讨论的结果，却代表了广大殖民地人民的心声。它在人类历史上第一次以政治纲领的形式提出了如下原则：人人生而平等，具有不可剥夺的生命、自由和追求幸福的权利；

政府必须经人民的同意而组成，应为人民幸福和保障人民权利而存在；人民有权起来革命以推翻不履行职责的政府。这些原则成为美国的意识形态，为此后200多年的发展奠定了思想基础。《独立宣言》为美国最重要的立国文书之一，直接影响了法国大革命，是1789年法国《人权宣言》的范本。

● 1787年美国宪法

1787年制定并于1789年批准生效的美利坚合众国联邦宪法，是世界上第一部比较完整的资产阶级成文宪法，它奠定了美国政治制度的法律基础。其内容是：立法、司法与行政权三权分立。分权制衡的核心精神在于权力平衡。1787年美国宪法强调加强国家权力，又在权力结构中突出"分权与制衡"的原则，以避免权力过于集中，体现了一定的民主精神。

●《美利坚合众国宪法》

又称美国联邦宪法或美国宪法，是美国的根本大法，奠定了美国政治制度的法律基础。美国宪法是世界上第一部成文宪法。1787年5月，美国各州（当时为13个）代表在费城召开制宪会议，同年9月15日制宪会议通过《美利坚合众国宪法》。1789年3月4日，该宪法正式生效，后又附加了27条宪法修正案。

● 本杰明·富兰克林

18世纪美国最伟大的科学家和发明家，著名的政治家、外交家、哲学家、文学家和航海家，以及美国独立战争的伟大领袖。他是美国历史上第一位享有国际声誉的科学家、发明家和音乐家。为了对电进行探索曾经做过著名的"风筝实验"，在电学上成就显著。他是一位优秀的政治家，参加起草了《独立宣言》和《美国宪法》，积极主张废除奴隶制度，深受美国人民的崇敬。

● 西进运动

美国的西进运动是一个长期和持续发展的过程。早在美国独立之前，美利坚民族就开始向北美大陆西部扩张，但直到美国独立之后，美国的西进运动才变得更加积极和有计划，而且一直持续到现在。纵观美国西进运动的历史，可以分为以下几个时期：以农业为主的初步开发时期、以工业为主的综合开发时期、以高新技术为主的深度开发时期。美国的西进运动是在自由市场经济和领土扩张的背景下，以大规模人口迁移为基础，以交通运输业为先导，以农牧业为主要产业指向，以增长中心带动区域开发的社会经济发展过程。西进运动的结果，完成了美国东西部地区之间政治经济的一体化，促进了资本主义工业化的发展，促成了美国近代农业革命、工业革命和知识革命，培育了美国人民的拓荒精神，对美国成长为世界上头号经济强国产生了决定性的影响。

● 门罗主义

1823年12月2日，门罗总统在致国会咨文中宣称：美国将不干涉欧洲列强的内部事务或它们之间的战争；美国承认并且不干涉欧洲列强在拉丁美洲的殖民地和保护国；欧洲列强不得再在南、北美洲开拓殖民地；欧洲任何列强控制或压迫南北美洲国家的任何企图都将被视为对美国的敌对行为，提出"美洲是美洲人的美洲"的口号。实际上，宣布拉丁美洲属于美国的势力范围。从某种意义上讲，门罗主义在客观上起到了防止已独立的拉美国家再次沦为欧洲列强的殖民地的作用。

● 废奴运动

从19世纪30年代初开始在美国北部兴起的要求彻底废除黑人奴隶制的群众运动。早在殖民时代和独立战争时期，富兰克林、杰弗逊等人就提出废除奴隶制。美国独立后，北部各州先后废除黑人奴隶制，但南部诸州由于棉花种植业的迅速发展，种植园奴隶制不断扩大，威胁着美国人民的民主权利。19世纪20年代前后，废奴运动的组织在美国开始出现。19世纪40年代，开始有不少废奴主义者主张采取政治斗争。1861年，林肯当选总统，在美国为了废除农奴制，甚至爆发了南北战争，这是人类近代史反对奴隶制的一次最重要的革命。更重要的是，摧毁了世界上最大的奴隶市场，为最终废除奴隶制打下了坚实的基础。

● 种植园制度

美国内战前，南方各州实行由奴隶从事农业劳动的制度。大种植园一般分为几个农场，每个农场都有监工，在种植园劳动的黑奴们的境地十分悲惨。种植园的主要农作物为棉花、稻子、烟草和甘薯。

◉ 旧金山

又称圣弗朗西斯科、三藩市，西班牙人建于1776年，1821年归墨西哥，1848年属美国，19世纪中期在采金热中迅速发展，华侨称为"金山"，后为区别于澳大利亚的墨尔本，改称旧金山。

◉ 美墨战争

1835年，美国煽动墨西哥德克萨斯地区的种植园主叛乱，墨西哥出兵镇压，美国派兵占领德克萨斯，并攻入墨西哥。5月，美国对墨西哥宣战。1846年，泰勒率美军南下占领马塔莫斯。同年6月，卡尼率美军1700人西进，夺取墨西哥和加利福尼亚。1847年3月，美军在总司令斯克特率1万美军在墨西哥湾韦拉克鲁斯登陆。9月8日，美军向墨西哥城发动进攻。14日，美军攻入墨西哥城。16日，控制全城实行军管。美国通过这场规模不算很大的战争夺取了230万平方公里的土地，一跃成为地跨大西洋和太平洋的大国。墨西哥丧失了大半国土，元气大伤。美国从此获得在美洲的主宰地位。

◉ 美国的两党制

所谓两党制，是指在一个资本主义国家中，由两个势均力敌的政党通过竞选取得议会多数席位，或者赢得总统选举的胜利而轮流执掌政权的政党制度；是指一国内两大政党轮流执政的政治制度，并不是说实行两党制的国家内只存在两个执政党。两党制最初产生于17世纪的英国，后来逐渐形成一种制度，被美国等资本主义国家相继采用。

◉ 美国南北战争

又称美国内战，是美国历史上一场大规模的内战，参战双方为美利坚合众国（简称联邦）和美利坚联盟国（简称邦联）。这场战争的起因为美国南部11州以林肯于1861年就任总统为由而陆续退出联邦，另成立以杰斐逊·戴维斯为"总统"的政府，并驱逐驻扎南方的联邦军，由此林肯下令攻打叛乱诸州。1865年，南方军队投降，内战结束。美国南北战争是美国历史上第二次资产阶级革命，虽然伤亡人数超过100万，但它废除了黑人奴隶制度，较好地解决了农民的土地问题，维护了国家统一，为美国资本主义的加速发展扫清了道路，并为美国跻身于世界强国之列奠定了基础。

● 林肯

美国第16任总统、政治家。他领导了美国南北战争，颁布了《解放黑人奴隶宣言》，维护了美联邦统一，为美国在19世纪跃居世界头号工业强国开辟了道路，使美国进入经济发展的黄金时代，被称为"伟大的解放者"。

● 马汉与海权论

马汉，海权论的创立者、美国卓越的海洋历史学家。他在研究英帝国称霸世界的历史后，于1890年出版了《制海权对历史的影响》一书，提出了"海洋中心"说。马汉有关海权的理论著作有20多部，代表作为：1889年完成的《海权对历史的影响，1660—1783》、1892年出版的《海权对法国大革命和帝国的影响，1793—1812》、1905年完成的《海权的影响与1812年战争的关系》。直至今天，强大的海权仍是美国全球战略的基础，马汉的海权思想深深影响着美国和世界许多政治家和军事家。

● 美西战争

1898年，美国为夺取西班牙属地古巴、波多黎各和菲律宾而发动的战争，是列强重新瓜分殖民地的第一次帝国主义战争，战争以美国的胜利而告终。美军是第一次去海外远征作战，战争胜负取决于海战。美国把加勒比海变成了"内湖"，在太平洋获得了重要的战略基地。此后，美国积极参与了列强对远东及太平洋地区霸权的角逐。美西战争作为第一次帝国主义战争而"载入史册"。

● 大棒政策

美国总统西奥多·罗斯福提出和实行武力威胁和战争讹诈的外交政

策。他曾在一次演说中援引了一句非洲谚语:"手持大棒口如蜜,走遍天涯不着急"来说明他任内的外交政策,后发展成所谓"大棒加胡萝卜政策"。罗斯福根据马汉的海权理论,主张以武力为后盾,迫使拉丁美洲国家"循规蹈矩",听命于美国。在大棒政策的指导下,美国凭借武力,多次公开干涉拉丁美洲国家的内政。

拉丁美洲的独立战争

● 海地革命

1790—1804年,海地黑人奴隶和黑白混血种人反对法国、西班牙殖民统治和奴隶制度的革命。1697年,法国在海地岛西部建立殖民统治后,从非洲输入大量黑奴,发展种植园经济。殖民者残酷压榨黑奴,歧视混血种人和自由黑人。18世纪末,在美国独立战争,特别是法国大革命影响下,黑人奴隶反对奴隶制度的斗争、混血种人和自由黑人争取公民权的斗争汇合在一起,促成了海地革命的爆发。海地革命的胜利,在拉丁美洲第一个砸碎奴隶制枷锁,建立了拉丁美洲第一个独立的黑人国家。

● 委内瑞拉革命

1810年,法国军队占领西班牙的消息传到委内瑞拉,首府加拉加斯4月19日爆发了起义。起义者驱逐了西班牙殖民官吏,成立了新的革命政府。1811年,委内瑞拉正式宣布独立,成立了以米兰达为首的共和国政府,并制定了宪法。但是,共和国政府没有采取具体措施改善人民群众的处境,也没有坚决肃清残存的西班牙反动势力,再加上领导内部又产生严重分歧,委内瑞拉第一共和国被绞杀了。第一共和国失败后,玻利瓦尔历经艰险,流亡到已经解除了西班牙束缚的新格拉纳达的卡塔黑纳城,于1813年重新远征委内瑞拉。1814年1月,第二委内瑞拉共和国宣布成立。同年夏,西班牙殖民军队和国内受西班牙煽动而与新政权对立的混血种雅诺斯移民结合,对共和军发动进攻,共和国又被摧毁。1817年,波利瓦尔宣布没收西班牙王室和一切反动分子的土地,并应允将这些土地分配给参加革命的士兵,这些措施对独立战争的进程发生了影响。1818年10月，波利瓦尔在他占领的地区宣布建立委内瑞拉第三共和国。

● 巴西独立

1532年，葡萄牙人在巴西建立行政管辖区。此后，葡萄牙殖民者不断对巴西土著居民和从非洲贩来的黑人进行压迫和剥削，巴西人民终于掀起争取独立自由的浪潮。17世纪，黑人来巴发起的反葡运动持续了60多年。1792年，巴西的国父、民族英雄蒂拉登特斯被殖民者残酷绞杀，但革命的烈火仍在全国熊熊燃烧。1822年9月7日，巴西宣布完全脱离葡萄牙而独立，成立了巴西帝国，年仅24岁的彼得罗一世成为巴西国王。1888年，巴西帝国废除了奴隶制。1889年，帝制垮台，巴西成立了联邦共和国。1891年，制定第一部宪法，定国名为巴西合众国。1969年，国名又改为巴西联邦共和国。

● 多洛雷斯呼声

墨西哥独立运动爆发的导火索，是独立运动之父伊达尔戈在墨西哥发动的反西班牙革命。1810年9月16日，墨西哥多洛雷斯小镇年近60的牧师伊达尔哥带领起义者，以迅雷不及掩耳的手段，首先释放了监狱中的囚犯，又逮捕了城内所有的西班牙人。在这一切完成后，伊达尔哥又敲起教堂的钟声。他向聚集起来的印第安人说："你们愿意自由吗？300年前，可恨的西班牙人夺去了我们祖先的土地，你们愿意夺回来吗？"人们同声回答："绞死这些西班牙强盗！"接着，他领导群众高呼："美洲万岁！打倒坏政府！"这就是墨西哥史上著名的"多洛雷斯呼声"，它标志着墨西哥独立运动的开始。此后，伊达尔哥继续领导独立运动，于1813年宣布墨西哥独立，赢得独立的墨西哥人民将每年的9月16日定为墨西哥的国庆纪念日。

● 阿根廷独立运动

19世纪初，阿根廷人民推翻西班牙殖民统治的斗争。1806年，英国企图取代西班牙在阿根廷的殖民统治，派兵入侵阿根廷。阿根廷人民首先在拉普拉塔地区发动起义，两次击退英军向首都布宜诺斯艾利斯的进攻。1810年5月，全国各地举行起义，赶走西班牙统治者，并在首都成立临时政府。1813年，粉碎了西班牙殖民军向首都的进犯。1816年，宣布独立。1826年，阿根廷联邦共和国正式成立。

● 大哥伦比亚共和国

19世纪初，拉丁美洲独立战争中，玻利瓦尔创建并领导的联合委内瑞拉和新格拉纳达的国家，名为哥伦比亚共和国，其地域包括今委内瑞拉、哥伦比亚、厄瓜多尔和巴拿马。后人为了与今哥伦比亚共和国相区别，称之为大哥伦比亚共和国。

● 圣马丁远征秘鲁

圣马丁，阿根廷民族英雄，南美南部独立战争领导人。1812年初，圣马丁投身革命。1813年底，他被任命为北方军司令，击退了殖民军的反扑，保卫了独立成果。为了消灭秘鲁总督区的殖民军主力，保证拉普拉塔乃至南美洲整个地区的独立运动取得胜利，圣马丁首先于1817年1月率安第斯军翻越安第斯山向智利进军。1818年2月12日，智利宣告独立。1820年，圣马丁以智利为基础，组成了一支约4500人的"解放秘鲁军"，包括一支拥有24艘舰船的智利海军，圣马丁任舰队总司令。8月，圣马丁率军从海上进军秘鲁，9月7日夜在皮斯科登陆，后又移师瓦乔，直指利马。1821年7月6日，西班牙总督率殖民军逃往东部山区，圣马丁解放利马。28日，秘鲁宣告独立，圣马丁被推举为秘鲁"护国公"。

● 阿亚库巧战役

1824年12月9日，在拉丁美洲独立战争中，拉美国家联军与西班牙人在阿亚库巧（秘鲁瓦曼加省省会，距利马东南320公里）进行的一次决战。9310名西班牙士兵在总督拉塞尔纳将军指挥下在丘陵地带设防，5780名秘鲁、委内瑞拉、哥伦比亚等拉美国家的联军士兵，在玻利瓦尔的老战友苏克雷将军的率领下攻击敌军阵地。科尔多瓦将军指挥的哥伦比亚第2师攻敌左翼，使敌人溃不成军，拉马尔将军指挥的秘鲁步兵师攻敌右翼，也很快取得胜利，苏克雷将军调骑兵追击，驱散西班牙骑兵，全歼其步兵。经阿亚库巧战役，上秘鲁全部解放，西班牙在美洲丧失大片土地，只剩下古巴和波多黎各，南美洲从此独立。

● 玻利维亚的独立

玻利维亚于15世纪末被西班牙征服，隶属于西班牙拉普拉塔总督区。在18世纪的拉丁美洲独立战争中，玻利维亚被一位从委内瑞拉来的民族英雄——玻利瓦尔解放而独立。1825年8月6日，为纪念解放者玻利瓦尔，宣布成立玻利瓦尔共和国，后该国取名为玻利维亚。

● 古巴的独立战争

1868—1898年，古巴人民反对西班牙殖民统治、争取民族独立的革命战争，亦称古巴30年解放战争，先后经过第一次独立战争和第二次独立战争。

第一次独立战争（1868—1878年）：1868年9月，西班牙爆发革命，古巴人民乘机掀起争取独立的斗争，在古巴东部发动起义，发表"亚拉号召书"。1869年，起义军召开制宪会议。为摧毁殖民军占领区的经济与军事潜力，1874年1月起义军向西挺进，因保守派阻挠而失败，陷入消极防御的被动地位。1878年2月，第一次独立战争失败。

第二次独立战争（1895—1898年）：西班牙殖民者进一步加强对古巴的掠夺，社会矛盾更加激化。同时，随着古巴资本主义经济得到一定发展，无产阶级和民族资产阶级逐步形成，解放运动增添了新的力量。1895年2月24日，圣地亚哥、巴亚莫等地爆发起义，点燃了第二次独立战争的烈火。起义军采取避强击弱、灵活机动战术，出其不意地打击敌人，于1896年1月22日抵达古巴岛西端的曼图亚。此次著名的"突进作战"历时3个月，起义军行程2360公里，作战27次，以4000余人的兵力打败装备精良的11万殖民军，创造了战争史上以少胜多的奇迹，成为独立战争的转折点。1897年11月25日，古巴宣布自治。古巴独立战争由于得到人民群众的广泛支持和采取机动灵活的游击战术，终于推翻了西班牙在古巴400年的殖民统治。

● 墨西哥的独立

1519年，西班牙殖民者入侵墨西哥。1521年，墨西哥沦为西班牙殖民地。1810年9月16日，米格尔·伊达尔戈·伊·科斯蒂利亚神父在多洛雷斯城发动起义，开始了独立战争。1821年8月24日，宣布独立。

1822年5月，伊图尔比德建立墨西哥帝国。1823年12月2日，宣布成立墨西哥共和国。1824年10月，正式成立联邦共和国。

● 巴拿马运河

位于中美洲的巴拿马，横穿巴拿马地峡，总长82公里，宽的地方达304米，最窄的地方也有152米。该运河连接太平洋和大西洋，是重要的航运要道，被誉为世界七大工程奇迹之一和世界桥梁。

17—19世纪的欧洲

● 法国投石党运动

17世纪中期，在法国发生的反对专制王权的政治运动，即福隆德运动。运动可分两个时期：前期为1648—1649年高等法院福隆德运动；后期为1650—1653年亲王福隆德运动。

1648年5月，巴黎高等法院联合各地法院，以整肃政府弊端为名，提出27条建议，要求撤回国王派往各地的监察官，实行财政改革，保障人身自由。8月26日，巴黎爆发了人民武装起义，国王路易十四出走。但是，起义坚持3个多月而失败，这就是法国历史上第一次福隆德运动。

1650年1月，孔代亲王因谋取马扎然的职位未成，便联合亲王显贵，密谋推翻马扎然政府。马扎然拘捕孔代，亲王的拥护者在外省暴动，教士亦与贵族联合，对抗宫廷。此次运动因缺乏民众支持及内部争权夺利，被马扎然分化瓦解，这就是法国历史上第二次福隆德运动。

● 路易十四

法国波旁王朝国王。路易十四统治法国前后达72年之久，被称为太阳王，是世界上执政时间最长的君主之一。路易十四在法国建立了一个以他为中心的、巴洛克式的专制王国。他在凡尔赛宫举行豪华的庆典，以资助艺术和科学的发展来为其增光。他将整个法国的官僚机构集中于他的周围，以此增强了法王的军事、财政和机构的力量。路易十四生前扩大了法国的疆域，使其成为当时欧洲最强大的国家和文化中心。17、18世纪，法语是欧洲外交和上流社会的通用语言。但是，他对胡格诺派教徒的迫害以及对西班牙王位继承的战争，使国家经济破产，不得不不断加强对农民的税收要求。他对贵族的削权，以及没有政治权力的市民阶层对政策的不满是导致1789年法国大革命的政治、社会和经济原因。

● 启蒙运动

通常指18世纪初至1789年法国大革命期间的一个新思维不断涌现的时代，与理性主义等一起构成一个较长的文化运动时期。这个时期的启蒙运动，覆盖了各个知识领域。启蒙运动为美国独立战争与法国大革命提供了框架，并导致了资本主义和社会主义的兴起，与音乐史上的巴洛克时期以及艺术史上的新古典主义时期是同一时期。启蒙运动的倡导者将自己视为大无畏的文化先锋，并且认为启蒙运动的目的是引导世界走出充满传统教义、非理性、盲目信念以及专制的一个时期。

在法语中，"启蒙"的本意是指"光明"。启蒙运动的中心在法国。法国启蒙运动的领袖则是伏尔泰。与其他国家相比，法国的启蒙运动声势最大、战斗性最强、影响最深远，堪称为西欧各国启蒙运动的典范。

● 普鲁士王国的兴起

普鲁士，一般指17—19世纪间的普鲁士王国。由于普鲁士在短短200年内崛起并统一德国，建立了德意志第二帝国，所以普鲁士也是德国近代精神、文化的代名词。1701年，腓特烈三世加冕成为普鲁士国王腓特烈一世，从此展开了普鲁士王国的显赫历史。腓特烈二世（腓特烈大帝）通过战争，将普鲁士变为一个军事国家。同时，腓特烈二世接受了伏尔泰的启蒙主义思想，改进司法和教育制度，鼓励宗教信仰自由，并扶植科学和艺术的发展。1871年，建立以普鲁士王国为首的德意志帝国，即德意志第二帝国。由于普鲁士拥有德意志帝国2/3的人口和3/5的领土，并且在军事、经济、工业等方面远远超过帝国内其他王国、公国，因此德意志帝国成为普鲁士王国的扩大版。普鲁士从此并入德意志帝国的历史。

● 腓特烈二世

腓特烈二世，普鲁士国王，史称腓特烈大帝，统治时期普鲁士军事大规模发展，领土扩张，使普鲁士在德意志取得霸权。受法国启蒙哲学思想熏陶的腓特烈二世于1740年登基，被人们认为是一位善于思考的开明国王。军事、外交方面：1745—1756年，腓特烈赢得了10年的和平建设时期，此期间，腓特烈整军经武、发展经济，为后来的七年战争做好准备。内政方面：他推行农业改革、教育改革、法律改革，建立了廉洁高效的公务员制度。"人人平等"的原则，是其当政时期的特色。此外，腓特烈二世在政治、经济、哲学、法律、甚至音乐等诸多方面都颇有建树。

● 狄德罗与《百科全书》

狄德罗，18世纪法国唯物主义哲学家、美学家、文学家、教育理论家、百科全书派代表人物、法国第一部《百科全书》的主编。狄德罗在主编《百科全书》的25年中，深受培根、霍布斯和洛克等人思想的影响，尤其是培根关于编辑百科全书的思想，促使他坚定地献身于《百科全书》的事业。狄德罗的哲学思想既反映形而上学的思维方式，又糅杂着一些辩证法的因素。狄德罗的美学思想依据唯物主义观点，提出了"美在关系"说。

● 卢梭与《社会契约论》

卢梭，18世纪法国大革命的思想先驱，法国启蒙思想家、哲学家、教育家、文学家、启蒙运动最卓越的代表人物之一。卢梭的政治学名著《社会契约论》（又译《民约论》），是世界政治学史上著名的经典著作之一，主要表述的是探究是否存在合法的政治权威。其主权在民的思想，是现代民主制度的基石，深深影响了法国大革命和逐步废除欧洲君主绝对权力的运动，以及18世纪末北美殖民地摆脱英帝国统治、建立民主制度的斗争。

● 伏尔泰

法国启蒙思想家、文学家、哲学家，18世纪法国资产阶级启蒙运动的旗手，被誉为法兰西思想之王、法兰西最优秀的诗人、欧洲的良心。伏尔泰尖刻地抨击天主教会的黑暗统治，反映上层资产阶级的利益，主张开明君主制，认为"人们本质上是平等的"，要求人人享有"自然权利"。他在哲学上信奉英国唯物主义哲学家洛克的经验论，承认物质世界的客观存在，肯定认识采源于感觉经验。伏尔泰的文学作品基本承袭17世纪古典主义的余风，而最有价值的是哲理小说。这是他开创的一种新体裁，用戏谑的笔调讲述荒诞不经的故事，影射和讽刺现实，阐明深刻的哲理。

● 孟德斯鸠

法国伟大的启蒙思想家、法学家。孟德斯鸠不仅是18世纪法国启蒙时代的著名思想家，也是近代欧洲国家较早系统研究古代东方社会与法律文化的学者之一。他的著述虽然不多，但其影响却相当广泛，尤其是《论法的精神》这部集大成的著作，奠定了近代西方政治与法律理论发展的基础，在很大程度上影响了欧洲人对东方政治与法律文化的看法。

● 七月王朝

法国君主立宪制王朝，又称奥尔良王朝。1830年，七月革命推翻了波旁复辟王朝，颁布新宪法、限制国王权力、扩大众议院权力，由此进入七月王朝时期，但继续实行波旁复辟王朝的殖民侵略政策，入侵阿尔及利亚并建立殖民统治，遭到各方面的反对，1831年9月、1832年6月和1834年4月，巴黎共和派筑起街垒，反对七月王朝的统治，同时，法国工人提出了经济和政治要求。1847年，革命形势逐渐形成。1848年2月，革命临时政府宣告法兰西第二共和国成立，七月王朝告终。

● 法国里昂工人起义

1831年和1834年，法国里昂工人的两次武装起义。里昂是法国丝织业中心，1831年初，里昂工人掀起一场以要求提高工价为主要内容的运动，工人多次举行集会、请愿、游行。10月间，与包买商谈判达成最低工价协议，但随之在七月王朝商业大臣的支持下，包买商撕毁协议。11月21日，工人举行抗议示威，与军警发生冲突，转为自发的武装起义，工人一度占领里昂城，但起义很快被七月王朝政府调来的军队镇压。1834年4月9日，里昂再度爆发丝织工人起义。起义的直接原因是政府逮捕和审判罢工领袖，发布禁止工人结社集会的法令。这次起义还提出废除君主制度，建立共和政体的口号。起义群众同政府军在里昂郊

120

区和市内进行6天激战，终因力量悬殊被政府军镇压。法国里昂工人起义显示了无产阶级的伟大力量，表明它已经独立登上了政治舞台。

● 巴尔扎克与批判现实主义

巴尔扎克，法国19世纪伟大的批判现实主义作家、欧洲批判现实主义文学的奠基人和杰出代表、法国现实主义文学成就最高者之一。在西欧文学中，批判现实主义是现实主义传统的继承和发展，特指19世纪在欧洲形成的一种文艺思潮和创作方法。批判现实主义作家巴尔扎克创作的《人间喜剧》共91部小说，塑造了2400个人物，充分展示了19世纪上半叶法国社会生活，是人类文学史上罕见的文学丰碑，被称为法国社会的百科全书。

● 空想社会主义

产生于16世纪，终结于19世纪30—40年代，是资本主义生产方式产生和成长时期剥削者与被剥削者间对立的反映。16—17世纪，空想社会主义的主要特点是，对未来的理想社会制度只是一种文学描述，提出社会主义的基本原则；18世纪，空想社会主义的主要特点是，认识进入理论探讨和论证阶段，并用"法典"的形式做出明确的规定；19世纪初期，空想社会主义的主要特点是，批判矛头直接对准资本主义制度，理论上提出了经济状况是政治制度的基础、私有制产生阶级和阶级剥削等观点。

● 法国二月革命

推翻七月王朝，建立法兰西第二共和国的资产阶级革命，也是1848年欧洲革命浪潮的重要组成部分之一。对于法国来说，二月革命推翻了阻碍资本主义进一步发展和损害工商业资产阶级利益的金融贵族的统治，建立了资产阶级民主共和国，确立起资产阶级的全面统治，为资本主义在法国的进一步发展扫清了道路。二月革命是法国大革命的继续，是资本主义发展史上的一个重要阶段。

● 法国六月起义

1848年，资产阶级窃取了法国二月革命的果实，成立了法兰西第二共和国。临时政府设立"国家工厂"，收容失业工人，驱使他们从事铺路、挖土等劳动，而只付给低微的工资，还借口供养"国家工厂"的工人而向农民增税，挑拨农民同工人的关系。同时，临时政府在流氓无产者中间组织别动队，用以对付巴黎工人。等到这些阴谋策划就绪后，临时政府悍然下令解散"国家工厂"。6月22日，愤怒的"国家工厂"工人游行示威，六月起义爆发。23日起，激烈的巷战持续了4天。最后，6倍于起义工人的政府军队和别动队镇压了这次起义。六月起义虽然失败了，但马克思称其为无产阶级与资产阶级的第一次伟大的战斗。

● 《巴黎和约》

结束克里木战争的和约。1856年2—3月，克里木战争交战国英、法、撒丁、土耳其与俄国以及和议发起者奥地利举行会议，签订《巴黎和约》。《巴黎和约》的签订对俄国打开黑海海峡向南扩张的企图是一个沉重打击，而使英、法两国在奥斯曼帝国境内建立了自己的优势地位，土耳其则沦为由欧洲列强支配和摆布的境地。

● 第一国际

1847年，马克思和恩格斯在《共产党宣言》中就喊出了"全世界无产者，联合起来！"的口号。此后，他们的思想就成为"国际主义精神"。1864年9月，这种"国际主义精神"第一次表现为组织形式。这年，英、法、德、意、波等国工人代表在伦敦开会，决议创立一个国际工人协会为诸国工人团体联络机关。当时，马克思代表德国工人参加了这个协会，并渐渐以科学社会主义思想指导整个组织。协会的任务是团结各国工人，为完全解放工人阶级并消灭任何阶级的统治而斗争；协会的组织原则是民主集中制；最高权利机关是代表大会。第一国际自成立开始，在马克思、恩格斯的领导下，和各种机会主义进行坚决的斗争。

● 巴黎公社

法国历史上第一个工人阶级政府，法国无产阶级自发进行的一场革命。拿破仑三世在普法战争中战败投降，第二帝国被巴黎人民推翻，但胜利果实却落入资产阶级共和派右翼和帝制派奥尔良党人之手。1871年3月18日，梯也尔政府出动军队袭击蒙马特尔和梭蒙高地，企图逮捕国民自卫军中央委员会成员，从而触发武装起义。国民自卫军控制巴黎所有政府机关，并于3月26日进行选举。3月28日，巴黎公社正式成立。虽然巴黎公社只斗争了72天（1871年3月18日—5月28日），但它为无产阶级革命运动提供了极其宝贵的经验和教训。这是无产阶级为推翻资产阶级统治、建立无产阶级专政的第一次伟大尝试。

● 法国工人党

法国工人运动中第一个无产阶级政党。1879年，在马赛举行的法国全国工人代表大会上，经盖德和拉法格倡议，通过了成立法国工人党的决议。随后，盖德和拉法格在马克思的亲自指导下制定了党纲，马克思撰写了总纲部分。1880年，在勒阿弗尔代表大会上，这个纲领获得通过，称为《勒阿弗尔纲领》，法国工人党正式成立。法国工人党支持和领导了法国工人的几次大罢工，其中有1886年维卡尔维斯煤矿工人罢工、1891年弗来米工人罢工、1892年卡尔莫矿区政治罢工。

● 英国宪章运动

19世纪30—40年代，英国发生的争取实现《人民宪章》的工人运动，是世界三大工人运动之一。1836年，伦敦工人协会成立，《人民宪章》是1837年由伦敦工人协会向国会提出的一份请愿书。1838年5月，这份请愿书公布后，被称为《人民宪章》。1840年7月，各地宪章派的代表在曼彻斯特召开了大会，宣告成立全国宪章派协会。它的宗旨是，"实现下院的彻底改革，使下院能全面地忠实代表联合王国的全体人员"。1842年，经济危机促使第二次宪章运动高潮的到来。1848年，在欧洲大陆革命风暴的推动下，宪章运动再度高涨。

● 英国的两党制

英国是世界上最早出现资产阶级政党，并最先确立和实行两党制的国家。英国两党制的形成、发展大体上经历三个阶段：第一阶段是辉格党与托利党先后执政时期，辉格党和托利党依据议会席位多少的变化而轮流组阁，为两党制的形成奠定了基础；第二阶段是保守党与自由党轮流执政时期，在这个阶段中，两党从议会内的政党发展为全国性的、群众性的政党，这是两党制形成的基本条件和重要标志。经过多次议会改革，彻底改变了下院与上院、王室之间的力量对比，削弱了上院的权力，提高了下院的地位，在此基础上确立了两党制；第三阶段是19世纪末、20世纪初开始的两党制逐步完备期。

● 伦敦工人协会

英国宪章运动前期的工人组织，1836年3月在伦敦成立，主要成员为手工者和工人，领导人为洛维特。协会利用集会请愿和印发演说词来宣传自己的主张，旨在"用一切合法手段废除统治阶级的各种反动立法，争取人民自由权利，使社会一切阶级处于平等地位，争取改善工人的生活条件"。1837年6月，伦敦工人协会起草了《人民宪章》，成为宪章运动的纲领。

● 芬尼运动

19世纪50年代开始的爱尔兰人民反对英国统治、争取民族独立的运动。1801年，爱尔兰被并入英国。1858年，爱尔兰的都柏林和美国纽约同时成立两个组织，统称芬尼，纲领是反对英国殖民统治、建立共和国。由芬尼组成的武装力量，称"爱尔兰共和军"，其多次举行武装行动和起义，均失败，19世纪70年代后衰落。

● 费边主义

19世纪后期，流行于英国的一种主张采取渐进措施，对资本主义实行点滴改良的资产阶级社会思潮。1884年，一部分知识分子创立了费边社，该社成员认为，社会改革应循序渐进，故以公元前3世纪古罗马一位因主张等待时机、避免决战的战略而著名的将军——费边的名字命名，故其学说被称为费边社会主义，简称费边主义。实际上，它是一种资产阶级改良主义思潮，它的传播给工人运动造成很大危害。

● 维多利亚女王

英国历史上在位时间最长的君主，在位时间长达64年（1837—1901年）。她是第一个以"大不列颠和爱尔兰联合王国女王和印度女皇"名号称呼的英国君主。她在位期间，是英国最强盛的所谓"日不落帝国"时期。女王统治时期，在英国历史上被称为维多利亚时代。她在位的60

余年，正值英国自由资本主义由方兴未艾到鼎盛、进而过渡到垄断资本主义的转变时期，经济、文化空前繁荣，君主立宪制得到充分发展，使维多利亚女王成为英国和平与繁荣的象征。

● 剑桥大学

英国及全世界最顶尖的大学之一，英国许多著名的科学家、作家、政治家都来自这所大学。剑桥大学也是诞生诺贝尔奖得主最多的高等学府，大约有80多名诺贝尔奖获得者曾经在此执教或学习，70多人是剑桥大学的学生。剑桥大学成立于1209年，最早是由一批为躲避殴斗而从牛津大学逃离出来的老师建立的。亨利三世国王于1231年授予剑桥教学垄断权。剑桥大学有31个学院，3个女子学院，2个专门的研究生院，各学院历史背景不同，实行独特的学院制。

● 牛津大学

英语国家中最古老的大学，在英国社会和高等教育系统中具有极其重要的地位，有着世界性的影响。1167年，牛津大学在泰晤士河谷地的城市——牛津成立。1209年，一些牛津大学的学者迁离至剑桥镇，并成立剑桥大学。此后，两所大学彼此间展开岁月悠久的竞争。牛津共有39个学院，它们和学校的关系就像美国中央政府与地方政府的关系那样采用联邦制形式。牛津大学的博德利图书馆是英国第二大图书馆，藏书600万册。牛津大学出版社是世界上最大的大学出版社，其出版的20卷《牛津英语词典》更是享誉全球。

● 达尔文与进化论

达尔文，英国生物学家、进化论的奠基人，曾乘"贝格尔号"舰进行历时5年的环球航行，对动植物和地质结构等进行了大量的观察和采集。1859年，《物种起源》出版，书中用大量资料证明了形形色色的生物都不是上帝创造的，而是在遗传、变异、生存斗争中和自然选择中，由简单到复杂、由低等到高等，不断发展变化的，并提出了生物进化论学说。除了生物学外，达尔文的理论对人类学、心理学及哲学的发展都有不容忽视的影响。

●《共产党宣言》

又译《共产主义宣言》，是马克思和恩格斯为共产主义者同盟起草的纲领，国际共产主义运动第一个纲领性文献，马克思主义诞生的重要标志。《共产党宣言》由马克思执笔完成，1848年2月在伦敦第一次以单行本问世。宣言第一次全面、系统地阐述了科学社会主义理论，指出共产主义运动已成为不可抗拒的历史潮流。

● 西里西亚纺织工人起义

1844年6月，普鲁士王国西里西亚纺织工人的起义。当时，西里西亚有发达的纺织业，工人和家庭手工业者受到工场主、包买商以及地主的残酷剥削。1844年6月4日，以争取提高工资被拒绝为导火线，爆发纺织工人自发的起义。起义队伍集中打击了工厂主，并以简陋的武器迎战镇压的军队。虽然起义被镇压，但它推动了工人运动的发展，表明无产阶级已作为独立的政治力量已登上历史舞台。

● 容克

起源于16世纪，是德语的音译，原指无骑士称号的贵族子弟，后泛指普鲁士贵族和大地主。在德国历史上，真正起过较大作用的是乡村容克，即普鲁士的贵族庄园主。19世纪以来，普鲁士资本主义的迅速发展，全面瓦解了容克的经济基础——封建庄园。为此，普鲁士王朝把重要军官职位和政府官位赐给容克作为补偿。1848年德国革命后，容克的庄园经济逐渐转变为资本主义性质的农场，大部分容克开始成为保留许多封建残余的、资产阶级化的地主。1871年，普鲁士"自上而下"统一德意志，标志容克资产阶级统治的最后形成。

● 1848年德国革命

经过19世纪30—40年代民主运动和工人运动的冲击，长期处于封建割据状态的德意志，在法国二月革命的刺激下，于1848年爆发了革命。在革命浪潮冲击下，各邦国的反动内阁纷纷倒台，成立了由资产阶级自由派参加的新政府。在德意志革命中，马克思、恩格斯进行了大量的革命活动。根据德国革命是资产阶级性质的革命这一基本前提，结合德国当时的实际情况，提出了无产阶级必须高举民主主义旗帜，同民主派结成联盟的斗争策略。1848年5月18日，由各邦国代表组成的全德国民议会在法兰克福开幕，史称法兰克福议会，这是革命的重要成果之一。1848年德国革命的另一重大成果是宣布实行资产阶级君主立宪制度，取消贵族特权和农奴制度，保障公民的自由权利。这体现了资产阶级立国的基本原则，是根本改造整个德意志的资产阶级总纲领，符合德意志民族要求实现国家统一的愿望。

● 铁血政策

普鲁士首相俾斯麦通过王朝战争实现德国统一的政策。俾斯麦代表容克贵族（地主）和大资产阶级利益，竭力主张以强权和武力统一德国。俾斯麦针对阻碍德国统一的强大的国内外势力而采取的武力统一德国的铁血政策，是实现德国统一的强有力的手段。他依靠铁血政策，先后发动了对丹麦的战争、普奥战争和普法战争，自上而下地统一了德国。

● 黑格尔

德国哲学家，德国古典唯心主义的集大成者。1801年，黑格尔任教于耶拿大学，1829年就任柏林大学校长，其哲学思想最终被定为普鲁士国家的钦定学说。他创立了欧洲哲学史上最庞大的客观唯心主义体系，并极大地发展了辩证法。他的基本出发点是唯心主义的思维与存在同一论、精神运动的辩证法以及发展过程的正反合三段式。他提出了社会政治、伦理、历史、美学等方面的观点和主张，并试图找出贯穿在历史各方面的发展线索。在美学上，强调艺术与人生重大问题的密切联系以及理性的内容对艺术的重要意义。

● 费尔巴哈

德国旧唯物主义哲学家。他批判了康德的不可知论和黑格尔的唯心主义，恢复了唯物主义的权威；肯定自然离开人的意识而独立存在，时间、空间是物质的存在形式，人能够认识客观世界；对宗教神学进行了有力的揭露和批判。但是，他抛弃了黑格尔的辩证法，他的唯物主义依然是形而上学的，社会历史观是唯心主义的。主要著作有《黑格尔哲学批判》《基督教的本质》《未来哲学原理》等专著。

● 歌德

18世纪中期—19世纪初，德国和欧洲最重要的剧作家、诗人、思想家。一生跨两个世纪，正值欧洲社会大动荡、大变革的年代。封建制度的日趋崩溃，革命力量的不断高涨，促使歌德不断接受先进思潮的影响，从而加深自己对于社会的认识，创作出当代最优秀的文艺作品。歌德除了诗歌、戏剧、小说之外，在文艺理论、哲学、历史学、造型设计等方面，都取得了卓越的成就。

● 海涅

在德语近代文学史上，海涅堪称继莱辛、歌德、席勒之后最杰出的诗人、散文家和思想家。他不仅擅长诗歌、游记和散文的创作，还撰写了不少思想深邃、风格独特并富含文学美质的文艺评论和其他论著，给后世留下了一笔丰富、巨大、光辉而宝贵的精神财富。

● 巴赫

德国著名的作曲家、管风琴家，被称为西方音乐之父，是将西欧不同民族的音乐风格浑然融为一体的开山大师。他萃集意大利、法国和德国传统音乐中的精华，曲尽其妙，珠联璧合，天衣无缝。巴赫的音乐，可以说是构成欧洲音乐殿堂的一根重要支柱，对后来近300年整个德国音乐文化及世界音乐文化产生了深远的影响。

● 贝多芬

德国伟大的作曲家、维也纳古典乐派代表人物之一，对世界音乐的发展（从古典主义时期到浪漫主义时期）有着举足轻重的影响，被世人尊称为乐圣。1789年，法国资产阶级革命的进步思想给了贝多芬很多启发，从而奠定了他人文主义的情怀，他深信人类平等，追求正义和个性自由，憎恨封建专制的压迫。贝多芬是世界艺术史上的伟大作曲家之一，他的创作集中体现了他那巨人般的性格，反映了那个时代的进步思想，他的革命英雄主义形象可以用"通过苦难走向欢乐，通过斗争获得胜利"加以概括。他的作品既壮丽宏伟又极朴实鲜明，他的音乐内容丰富，同时又易于为听众所理解和接受。

● 奥匈帝国

1867—1918 年间的一个中欧二元君主国、共主邦联国家。当时的匈牙利王国与奥地利帝国组成"帝国议会所代表的王国和领地以及匈牙利圣斯蒂芬的王冠领地"联盟，匈牙利国王与奥地利国王是"同一个人"。匈牙利对内享有一定程度的立法、行政、司法、税收、海关等自治权，外交和国防等对外事务方面则与奥地利一样，统一由帝国中央政府处理。奥匈帝国是匈牙利贵族与奥地利哈布斯堡王朝，在争取维持原来的奥地利帝国时所达成的一个折中解决方法，其有各自的首府，奥地利首府在维也纳，匈牙利首府在布达佩斯。

● 普法战争

又称德法战争，是普鲁士王国为了统一德国并与法国争夺欧洲大陆霸权而爆发的战争。战争是由法国发动的，但战争后期，普鲁士将战争由自卫战争转化为侵略战争，最后以普鲁士大获全胜，并于 1871 年 1 月 18 日建立德意志第二帝国而告终。普法战争是 1870 年 7 月—1871 年 5 月，法国同普鲁士王国之间的一场重大战争，由此改变了欧洲政治军事格局。法国受到削弱，国际地位下降。普鲁士支配除奥地利以外的其他全部德意志邦国，成为强国，开始在欧洲拥有优势。

● 色当战役

普法战争的一个重大战役。普奥战争结束以后，普鲁士日渐强大，但紧靠法国南部的 4 个小国还仍然没有被俾斯麦统一，而俾斯麦是下决心要统一除奥地利以外的所有德意志的国家。对此，拿破仑三世也早怀有吞并之心，并于 1870 年 7 月 19 日，宣布对普鲁士开战。8 月 2 日，法军闯入德境，但法军坐失良机；8 月 4 日，普军转入反攻；8 月 6 日，战场全部移入法国境内的色当；9 月 1 日，色当会战开始，普军 20 万人向色当发起猛攻；9 月 2 日，拿破仑三世会见德国首相俾斯麦，正式签署投降书。色当战役在历史上被称为色当惨败，它使德国完成了最后的统一。

● 施里芬计划

普法战争后，新统一的德国并吞了阿尔萨斯，使法国陷于军事威胁中。于是，法国军事工程师沿着150英里法德边界的4个城市为中心，构筑了一系列堡垒。面对着这种难以克服的障碍，任德国参谋总长的施里芬伯爵，设计了一个通过广阔的比利时平原侵入法国的战略。他采用包围两翼和后卫而击败对手的战略，即：以这个筑垒地区为枢轴，由79个师组成右翼经过比利时进入法国，由8个师组成左翼，留在法德边界，德军在这个绕着枢轴旋转的运动中，横扫法国沿海地区。

● 青年意大利党

1796年，拿破仑把意大利分割为许多小国，但它们都和奥地利皇室有着亲戚关系，因此奥地利帝国几乎变成了整个意大利的主人。最初反对外来侵略者和反对专制独裁的，是在拿破仑占领时期就建立的秘密革命团体——烧炭党。烧炭党人玛志尼于1830年被放逐到法国马赛时，重建了一个秘密团体——青年意大利党，宗旨是发动革命起义，推翻奥地利封建主的统治，把意大利联合成为一个自由、独立、统一的资产阶级民主共和国。1833年7月，该党在热那亚发动起义，因一军士告密而失败，青年意大利党瓦解。

● 加富尔

撒丁王国首相、意大利王国第一任首相、意大利统一时期自由贵族和资产阶级君主立宪派领袖。以加富尔为代表的资产阶级自由派主张由撒丁王国通过自上而下的王朝战争，驱逐奥地利，完成统一。1852年，加富尔出任撒丁王国内阁首相，为达到富国强兵进而统一意大利的目的，实行了一系列的改革：兴办近代工业、发展自由贸易、积极扩充军备、限制教会权利。这些措施促进了撒丁王国资本主义经济发展，提高了撒丁王国在意大利诸邦中的地位。

● 红衫军

1843年，阿根廷军队包围了乌拉圭首都蒙得维地亚，由于谣传阿根廷军队会杀光城内居民，所以各国侨民都武装自卫。4月，法国志愿军首先成立，意大利人也成立了700人的志愿军团。起初，意大利军团表现欠佳，加里波第上任后对军团进行了彻底改组，重新设计了黑色军旗，以激发战士们为自由而战的决心。由于军团没有统一制服，不得不用肉类加工厂的工服充数。加里波第最初很讨厌这种红制服，但很快就喜欢上了它，"绯红色的上衣，配上一条色彩鲜艳的小领巾，显得十分潇洒"。当地居民亲切地称呼意大利军团为红衫军，这就是后来威震欧洲的正义之师——意大利红衫军团的雏形。

● **意大利的统一**

撒丁王国，19世纪中期意大利境内唯一独立的封建王国，是意大利统一的基础。1852年，新首相加富尔进行了多项行之有效的改革，使王国的实力日益增强，逐渐成为意大利半岛上资本主义经济最发达和资产阶级自由派力量最集中的地区，为后来意大利的统一奠定了基础。1860年，加里波第的红衫军以撒丁王国的名义远征意大利南部的西西里王国，夺取了该地区的统治权。1861年，加里波第将南部政权交给王国，使北、南部基本统一。同年，意大利王国宣告成立，撒丁国王维克托·艾曼努尔二世成为第一位统一的意大利国王。随后几年，新王国又借"普奥战争"和"普法战争"之机，将奥、法势力清除被占据领土，于1870年初最终完成意大利的统一大业。

● **俄普奥三次瓜分波兰**

18世纪末，普鲁士急于打开东普鲁士与勃兰登堡连成一片。俄罗斯帝国为了继续与奥斯曼帝国作战争夺黑海的出海口，急于打开波兰通道。奥地利帝国已失去西里西亚，不能坐视普鲁士的扩张。1772年，普鲁士联俄制奥，进行第一次瓜分。1792年，俄军进入波兰。普鲁士借口防止法国大革命蔓延，进军波兰，俄普缔结瓜分条约。1794年，波兰爆发起义，俄国武装干涉。1795年，俄国与奥地利签订瓜分波兰条约，然后通知普鲁士。通过三次瓜分，俄普奥三国的欧洲大国地位进一步得到巩固。波兰这个昔日的欧洲大国一度从欧洲版图上消失。

● **普加乔夫起义**

俄国农民群众反抗封建压迫的起义。战争席卷广大地区（奥伦堡边区、乌拉尔、乌拉尔山区、西西伯利亚、伏尔加河中下游地区），踊跃参战的起义者达10万人。这次农民战争是因阶级矛盾激化而引发的。1773年9月17日，顿河哥萨克普加乔夫自称皇帝彼得三世，聚集一支由80名亚伊克哥萨克组成的队伍，公布檄文。起义军有健全的体制，其基础是哥萨克军的编制，战斗核心是哥萨克。这次农民战争具有局部性、地区分散性、自发性和无组织等特点，也就是带有封建时代历次农民运动所固有的各种弱点。由于缺乏统一的战略计划，独立起义地区的联系较差，使各独立起义中心失去了统一领导，并最终失败。

● 俄土战争

17—19世纪，俄国与奥斯曼土耳其之间为争夺高加索、巴尔干、克里米亚、黑海等地而进行的一系列战争，其中重要的有10次。此外，双方在第一次世界大战中的交战通常也被认为是第11次俄土战争。俄土战争共长达241年，平均不到19年就有一次较大规模的战争，是欧洲历史上最长的战争系列，奥地利、英国、法国、波兰、罗马尼亚、保加利亚等国也先后参与其中。战争的结果是俄国扩大了疆土，土耳其逐渐衰落。

● 维也纳会议

1814年9月18日—1815年6月9日，在奥地利维也纳召开的一次欧洲列强的外交会议。这次会议是由奥地利政治家梅特涅提议和组织的，旨在重划拿破仑战败后的欧洲政治地图。会议的主要目的是，恢复拿破仑战争时期被推翻的各国旧王朝及欧洲封建秩序，防止法国东山再起，战胜国重新分割欧洲的领土和领地。

● 十二月党人起义

1825年，在南方检阅军队的沙皇亚历山大一世突然病逝，因华沙与圣彼得堡相距遥远，往返书信无法及时送达，形成了十余天的混乱局面。十二月党人决定利用这样一种特殊的形势，赶在皇位继承人尼古拉举行再宣誓继位前发动军事行动，迫使新沙皇和枢密院宣布改制。他们选举近卫军团长特鲁别茨科依担任起义军总指挥，宣布推翻沙皇政府、召开立宪会议、成立临时政府，同时宣布废除农奴制，解放全国农奴。

然而，尼古拉一世早有防备，起义最终被镇压。十二月党人起义是俄国历史上对沙皇专制制度的一次巨大的冲击，它不同以往的以农民起义为主体的革命，十二月党人无论是在文化教育水平、政治素质和远见、政治斗争手段、组织能力等方面均远远胜于前者。

● 俄罗斯帝国

通常简称为俄国或沙俄。14世纪中期，从蒙古帝国之金帐汗国独立出来的诸罗斯公国之一的莫斯科公国日渐强大，兼并周围小国。1546年，莫斯科公国大公伊凡四世加冕称沙皇，沙俄诞生，此时为封建农奴制。1613年7月11日，沙皇米哈伊尔·费奥多罗维奇·罗曼诺夫在莫斯科圣母大教堂举行加冕典礼，开创罗曼诺夫王朝。1721年，彼得大帝与瑞典进行北方战争胜利后，被俄罗斯参政院授予"全俄罗斯皇帝"的头衔，俄国成为真正意义上的帝国，其后领土不断扩张成为世界性大帝国，并长期充当"欧洲宪兵"的角色。1917年二月革命后，俄罗斯帝国皇帝尼古拉二世被迫签署退位声明，俄罗斯帝国灭亡，共计304年。

● 克里米亚战争

1853年，为争夺巴尔干半岛的控制权，土耳其、英国、法国、撒丁王国等先后向俄国宣战，战争一直持续到1856年，以沙皇俄国的失败而告终。克里米亚战争的后果之一是奥地利、普鲁士和俄罗斯之间的神圣联盟终止。普鲁士在这场战争中保持中立，战后普鲁士与俄罗斯的关系变好，与奥地利的关系变坏，而俄奥之间的关系恶化。英国与法国在战后也开始与俄罗斯修好，因此奥地利日趋孤立，而普鲁士的地位则日益增高。克里米亚战争从军事上和从政治上改变了欧洲列强之间的地位和关系。它与巴黎和约是19世纪继1815年的维也纳会议后的第二次重大事件。

● 俄国1861年改革

19世纪上半叶，俄国的资本主义有了一定的发展，工厂手工业已达到相当规模，国内外市场进一步扩大，并积累了大量的资本。1861年，沙皇亚历山大二世签署了废除农奴制的法令，规定农奴在法律上有人身自由，有权拥有财产、担任公职和工商业，地主不能买卖农奴和干涉农奴的生活；规定土地仍然归地主所有，农奴可以得到一定数量的份地，但必须出钱向地主赎买。俄国1861年改革是自上而下的资产阶级性质的改革，废除了农奴制，为俄国资本主义发展提供了必要的劳动力、国内市场、资金以及相对稳定的社会环境，加快了俄国工业化的历史进程。从此，俄国开始从农奴制时代进入了一个崭新的历史发展阶段。

● 劳动解放社

俄国第一个马克思主义团体，是普列汉诺夫于1883年9月25日在日内瓦建立的，其宗旨是在俄国传播科学社会主义，批判民粹主义，深入研究俄国社会生活中的重大问题。劳动解放社是俄国无产阶级政党的雏形。1881年和1888年公布的两个纲领草案，明确提出工人阶级的目标是以共产主义代替资本主义，其先决条件是要取得政权，成为后来俄国社会民主工党纲领的基础。

● 《火星报》

俄国社会民主工党中央机关报。1900年12月24日，由列宁和普列汉诺夫创办于德国莱比锡，其报名来源于普希金的诗句"行看星星之火，已成燎原之焰"。该报为俄国社会民主工党制定了纲领草案，并筹备了第二次全国代表大会。1903年，以列宁为主的多数派退出，该报由此成为少数派的喉舌。

● 俄国1905年革命

1905—1907年间，发生在俄罗斯帝国境内，一连串范围广泛，以反政府为目的的事件，诸如罢工、农民抗争、暴动等，导致尼古拉二世政府于1906年制定等同于宪法的基本法，成立国家杜马立法议会与实行多党制。

● 俄国二月革命

俄国第二次资产阶级民主革命。因发生于1917年俄历2月（公历3月）而得名。1917年3月12日，起义席卷全城。驻守彼得格勒的士兵拒绝向工人开枪，大批转到革命方面。布尔什维克党中央发出《告全体俄国公民书》，宣布首都已经转到起义人民手中。革命在全国迅猛展开。3

月 15 日，沙皇尼古拉二世被迫退位，统治俄国长达 300 多年的罗曼诺夫王朝彻底覆灭。

● 捷克斯洛伐克的民族解放运动

17 世纪末—18 世纪末，捷克斯洛伐克资本主义有所发展。1781 年，约瑟夫二世颁布废除农奴制诏令，促进了波希米亚资本主义的迅速发展。1848 年，布拉格人民举行起义，迫使奥地利当局废除劳役制。1867年，奥地利与匈牙利将统一的奥地利帝国改组为二元制的奥匈帝国。捷克和斯洛伐克从此处于奥匈帝国统治之下。1914—1918 年，第一次世界大战期间，捷克和斯洛伐克人民谋求建立独立、统一的国家。1918 年，奥匈帝国崩溃，捷克斯洛伐克于同年 10 月 28 日独立。

● 西班牙王位继承战争

由于西班牙哈布斯堡王朝绝嗣，法国的波旁王室与奥地利的哈布斯堡王室为争夺西班牙王位，而引发的一场欧洲大部分国家参与的大战。这场战争使敌对双方各自与友好国家结成同盟，形成了两派阵营。法国与西班牙、巴伐利亚、科隆及数个德意志邦国、萨伏依、巴马组成同盟，而神圣罗马帝国（当时为奥地利哈布斯堡王朝所控制）则与英国、荷兰、葡萄牙、勃兰登堡以及数个德意志小邦国及大部份意大利城邦组成反法同盟。1702 年 5 月，反法同盟正式对法国宣战。1715 年 2 月，西班牙王位继承战争正式结束。

17—19 世纪的亚洲

● 大盐平八郎起义

日本江户幕府末期的城市平民起义，1837 年由大盐平八郎领导。大盐平八郎为下级武士。1836 年，灾荒导致粮价飞涨，大盐平八郎一再建议大阪官吏和富商救济灾民，但屡遭拒绝，他开始意识到：要想解救饥民，必须下决心以武力来推翻恶政，于是着手组织起义。大盐起义虽告失败，但有重要历史意义。它是由下级武士发起和领导的，并主动联结农民和城市贫民进行的第一次暴动，它把从前分散、自发、局限的反对当地封建领主的农民暴动向前推进了一步。由于这次起义发生在号称"金库"的大阪，而震动了幕府的封建统治。

● 伏见鸟羽之战

日本戊辰战争中，新政府军和幕府军在鸟羽、伏见进行的战役。1868年1月3日，明治政府发布王政复古令。幕府将军德川庆喜为维护其领地和权力，于6日夜从二条城退到大阪，一支以桑名藩兵为先锋向京都西南方的鸟羽推进，另一支以会津藩兵为先锋向京都东南方的伏见推进，企图负隅顽抗。经激战，幕府军于次日被迫撤退。政府军乘胜追击，夺取淀城，进逼八幡。政府军初战胜利为推翻德川幕府在各地的统治铺平了道路。

● 明治维新

19世纪末，日本进行的由上而下、具有资本主义性质的全面西化与现代化改革运动。明治政府首先采取"奉还版籍"、"废藩置县"的措施，结束了日本长期以来的封建割据局面，为建立中央集权国家和发展资本主义经济奠定了基础。此后，明治政府实施了富国强兵、殖产兴业和文明开化三大政策。富国强兵，是改革军警制度，创办军火工业，实行征兵制，建立新式军队和警察制度，它是立国之本；殖产兴业，就是引进西方先进技术、设备和管理方法，大力扶植资本主义的发展；文明开化，就是学习西方文明，发展现代教育，提高国民知识水平，培养现代化人才。

● 日俄战争

日本与沙皇俄国为了侵占中国东北和朝鲜，在中国东北的土地上进行的一场帝国主义战争，以沙皇俄国的失败而告终。就总体而言，俄国人口和陆海军数量都大大超过日本。但具体到远东战场，日本的实力则超过俄国。1904年2月，日本联合舰队开赴黄海，分别攻击停泊在旅顺和仁川（济物浦）的俄舰。战争爆发后，俄国加速向远东增兵。在俄日双方争夺制海权的同时，日军开始在辽东登陆。在旅顺争夺战、辽阳大会战、沙河攻守战、奉天大会战、黑沟台会战、奉天之战、对马大海战等系列战役后，俄国将中国旅顺口、大连湾及其附近领土领水之租借权以及其他特权，移让给日本政府。在中国和朝鲜国土上进行的这场帝国主义掠夺战争，给中朝两国人民造成了极为深重的灾难。

● 《江华条约》

又称《丙子修好条约》《朝日修好条约》，是日本与朝鲜于1876年2月26日在江华岛签订的不平等条约，从此朝鲜逐步沦落为日本的殖民地。

● 兴宣大院君

近代朝鲜的杰出政治家，原名李昰应，南延君忠正公李球第四子，被过继给庄献世子第四子恩信君李禛为后。1863年，李昰应第二子李载晃被选入宫中继承王位，是为高宗。高宗即位时年仅12岁，不能亲理政务，由李昰应赞襄政务，封大院位大监，史称兴宣大院君。他是李氏朝鲜末年的亲清派首领，自此开始长达10年的新政改革，并两次打败欧美列强的侵略。

● 壬午兵变

1882年发生在朝鲜王朝的一次政变。1873年，朝鲜高宗亲政，兴宣大院君归政隐居，但仍试图插手干涉政务。1882年7月（壬午年五月），朝鲜京城五营士兵由于连续13个月没有领到饷米，引发暴动，士兵和市民攻入昌德宫，7月25日，高宗召大院君入宫，委托其主政，并向暴动士兵宣布闵妃已经死于动乱中，士兵方才撤出王宫，放下武器。壬午兵变后，朝鲜开始了近代化改革，设立内外衙门，训练新军。

● 甲午农民战争

19世纪末，朝鲜王朝统治阶级横征暴敛，以闵妃集团为首的统治者勾结日本，奢靡无度。1894年，东学党武装起义在全罗道古阜郡爆发了。这次起义的领导者是东学道首领全奉准。起义军初战告捷，在占领全州后，忠清、庆尚两道的东学道徒群起响应，起义军控制了朝鲜南部三道，并建立了自己的政权机构。当清政府应邀出兵朝鲜镇压东学党起义的时候，日军不请自来，在朝鲜南部登陆，挑起了中日甲午战争，同时成立了以金弘集为首的亲日傀儡政府，唆使他"委托"日军平定起义。在金牛山一战中，日军凭借优势武器打败东学军，而甲午农民战争也在朝鲜内外反动集团的猛扑下失败了。

● 印度民族起义

一般指 1857—1858 年发生在印度北部和中部的反对英国统治的民族起义。这次起义终结了英国通过东印度公司管理印度的体制，使得印度置于英国直接统治之下，故此常被视为印度的第一次独立战争。

● 詹西女王

拉克西米·芭伊，亦称詹西女王，1857—1859 年印度民族大起义主要领袖之一，原为印度詹西邦土王甘加达尔·拉奥的王后。1857 年 5 月，印度反英大起义爆发。6 月，女王率詹西军民响应，打败英军，重登詹西王位。此后，詹西又成为起义的中心。3 月 25 日，英军进抵詹西城西南。25 日，双方展开激烈的炮战，詹西女王亲临前线指挥，带领士兵冲锋陷阵。由于内奸出卖，詹西城失陷。起义军随即向卡尔皮集中，6 月 1 日，起义军解放瓜廖尔，建立临时政权。17 日，战斗在城东南郊激烈展开，詹西女王始终和起义士兵一起奋战。起义军作战非常勇敢，女王率军防守瓜廖尔城东，立马横刀与英军骑兵厮杀，英勇战死，年仅 23 岁。

● 印度国大党

印度国民大会党，简称印度国大党或国大党。1885 年 12 月在孟买成立，创始人是英籍印度退休文官休谟。在它成立后的 20 年内，政治主张仅限于实行代议制。经多次分裂合并，现主要有两派。国大党为印度现存历史最长的政治组织，也是印度主要政党之一。

● 泰戈尔与印度近代文学

泰戈尔，印度诗人、文学家、作家、艺术家、社会活动家、哲学家和印度民族主义者，1913 年，获得诺贝尔文学奖，是第一位获得诺贝尔文学奖的亚洲人。在他的诗中含有深刻的宗教和哲学的见解。对泰戈尔来说，他的诗是他奉献给神的礼物，而他本人是神的求婚者。他的诗在印度享有史诗的地位。

● 爪哇人民大起义

19世纪初期，印度尼西亚爪哇岛爆发的由爱国封建主蒂博尼哥罗领导的反对荷兰殖民统治、争取民族独立的解放战争。这次战争虽然以起义者的失败而告终，但它沉重打击了荷兰的殖民统治，揭开了19世纪中期亚洲民族解放斗争高涨的序幕。

● 奥斯曼帝国的衰败

奥斯曼帝国为土耳其人所创立之国。奥斯曼一世，初居中亚，后迁至小亚细亚，日渐兴盛，极盛时势力达欧亚非三大洲。奥斯曼帝国的衰落被历史学家认为是帝国现代化的时期。民族意识与公民民族主义意识的增长，将西方的国家主义思想引入奥斯曼帝国，民族主义兴起对19世纪的帝国影响深远。青年土耳其人革命及苏丹宣布复行1876年宪法、恢复议会后，奥斯曼帝国踏入二次立宪时期，对奥斯曼帝国的解体有重要的作用。

● 法国入侵越南

1858年，法国军舰炮轰越南岘港海口，拉开了法殖民者侵越战争的序幕。1859年，法国侵略军攻占嘉定城。1884年，法国侵略军占领全越南领土，置越南于殖民统治之下。法军的铁蹄一踏上嘉定，就遭到爱国军民英勇不屈的反抗。

● 越南勤王运动

1885—1896年，越南爱国士大夫领导的抗法武装斗争，也称文绅运动。1885年7月，越南王室成员尊室说在顺化抗击法国殖民军失败后，同咸宜帝（阮福明）向越南各地文绅发出勤王檄文，号召文绅们兴师勤王。越南中、北部的文绅在"忠君爱国"的旗帜下，纷起"勤王之师"，进行抗法武装斗争，其中规模较大的有：1885—1896年潘廷逢领导的香溪起义、1885—1889阮善述在兴安荻林的起义。法国殖民者对越南勤王运动采取镇压与分化兼施的政策，各地勤王运动相继失败。

17—19世纪的非洲

● 蒙巴萨反抗殖民统治

蒙巴萨是东非最古老的城市之一，优良的港口条件使其始终处于海上列强的争夺之中。岛名蒙巴萨意为战争岛，反映了其辛酸的历史。15世纪末，葡萄牙人来到蒙巴萨，使之成为向东征服的重要航海基地。但在以后的两个世纪里，阿拉伯人不断与葡萄牙人争夺东非沿海霸权，蒙巴萨也几经易手。后葡萄牙人在印度洋败于其他欧洲海上强国，遂于1720年撤出蒙巴萨。1822年，英国宣布蒙巴萨为英国保护地，并任命总督进行管理。从此，蒙巴萨成为英国的领地，直至1963年。

● 黑奴贸易的兴起

黑奴贸易开始于15世纪。16世纪，西班牙人在向西印度群岛及美洲大陆进行扩张掠夺的过程中发现，印第安人不适宜于繁重的田间劳动，一个黑人奴隶顶得上4个印第安人。为了满足发展热带作物种植园及开发矿藏对劳动力的需求，他们决定从非洲运进黑人。1501年，即哥伦布发现新大陆后的不到10年，伊斯帕尼奥拉岛就从葡萄牙运进了第一批黑奴。这是向美洲贩卖奴隶的滥觞，也是美洲实行黑人奴隶制的开端。1518年，第一艘来自非洲的贩奴船到达西印度，开始了非洲与美洲之间的黑奴贸易，到1540年，西班牙美洲殖民地每年运进的黑奴大约达1万人。

● 埃及穆罕默德·阿里改革

穆罕默德·阿里，19世纪奥斯曼帝国的埃及总督，埃及阿里王朝（1805—1849）的创建者。1805年，率部参加埃及人民起义，夺得政权，奥斯曼素丹封其为埃及总督，并授予帕夏称号，建立阿里王朝。他锐意改革，励精图治，在执政期间，为建立一个以埃及为中心的阿拉伯人主权国家，以富国强兵为总方针，在政治、经济、军事、文化等领域进行了自上而下的全面改革。通过全面改革，穆罕默德·阿里使埃及发生了前所未有的变化，成为奥斯曼帝国的唯一有生命力部分，他因此被誉为现代埃及之父。

● 利比里亚的独立

1821年12月，美国兴起废奴运动，把美国黑人送回非洲，普罗维登斯岛就是19世纪初首批美国黑人移民登陆的地方，1824年命名为利比里亚（自由之城）。1838年，成立利比里亚联邦，由"美国殖民协会"派任总督。1847年7月26日，宣告独立，建立利比里亚共和国，号称非洲第一个共和国。另一黑人移民区于1854年2月4日建立马里兰共和国，1857年并入。1860年，美国黑人移民建立真正独立党，并自1869年起执政百余年。

● 阿拉比抗英

阿拉比，埃及爱国军官。1879年，埃及地主资产阶级知识分子和爱国军官成立"祖国党"，以陆军中校阿拉比为领袖。祖国党提出埃及独立、反对欧洲内阁等主张，利用人民群众斗争的威力迫使总督伊斯迈尔改组政府，辞退外国官员，通过宪法，加强议会权力。1881年9月，阿拉比率陆军起义，包围王宫，获得人民群众的支持。1882年，祖国党组阁，阿拉比任陆军部长，取消"双重监督"制度。通过1879年宪法，英国眼看无法通过总督和内阁控制埃及，便决定进行武装干涉。面对英军的侵略，祖国党立即发表告人民书。埃及军民在阿拉比的领导下，打退了敌人的数次进攻。但是，阿拉比等人只加强了开罗北部的防线，而对东线防御未给予应有的重视。结果，英军于9月突破东部防线，埃及军队被迫退守开罗。英军攻陷开罗后迅速占领了整个埃及。英埃战争的结束标志着埃及从半殖民地进一步沦为英国的殖民地。

● 马赫迪起义

苏丹民族英雄马赫迪领导的反抗英埃统治的斗争。1881年1月爆发，1898年4月因英国殖民军镇压而失败。马赫迪起义历时18年，沉重打击了英国殖民者，是近代非洲规模最大、持续时间最长的一次反对殖民统治的武装起义，是非洲近代反帝斗争史上的重要篇章，马赫迪也被苏丹人民尊为独立之父。

● 英布战争

英国同荷兰移民后裔布尔人建立的南非共和国和奥兰治自由邦，为争夺南非领土和地下资源而进行的一场战争，又称南非战争、布尔战争。战争进程分三个阶段：第一阶段（1899年10月—1900年1月），战争初期布尔人采取攻势；第二阶段（1900年2月—1900年9月），连遭挫折的英军更换主帅，援军源源开到；第三阶段（1900年9月—1902年5月），布尔军退出城市后，分成小股部队进行游击战。

现代篇

第一次世界大战
"一战"后的资本主义世界
"十月革命"与苏联的成立
亚非拉民族独立与革命运动
20世纪初的世界危机
第二次世界大战

第一次世界大战

● 萨拉热窝事件

于1914年6月28日巴尔干半岛的波斯尼亚发生，此日为塞尔维亚之国庆日，奥匈帝国皇位继承人费迪南大公夫妇被塞尔维亚族青年普林西普枪杀。开枪打死斐迪南大公的是一位名叫加费格里·普林西普的波斯尼亚青年，当时他只有17岁，是一名隶属塞尔维亚的恐怖组织"黑手社"的波斯尼亚中学生。普林西普其实并不机警，完全是一系列偶然因素使他成为刺杀斐迪南的塞尔维亚民族英雄。这次事件使奥匈帝国向塞尔维亚宣战，成为第一次世界大战的导火线。

● 巴尔干战争

1912—1913年间为争夺土耳其在巴尔干半岛的属地而发生的两次战争。第一次巴尔干战争（1912年10月—1913年5月），以保加利亚、塞尔维亚、希腊和门的内哥罗结成的巴尔干同盟对土耳其的战争，土耳其与巴尔干4国签订《伦敦条约》。第二次巴尔干战争（1913年6月—1913年8月）以保加利亚为一方，希腊、塞尔维亚、罗马尼亚、门的内哥罗和土耳其为另一方的战争。土耳其签订了《布加勒斯特条约》。通过两次巴尔干战争，欧洲大国关系失去平衡，塞尔维亚实力大为增强。这就加深了塞尔维亚与奥匈帝国的矛盾，终于使巴尔干成为第一次世界大战的爆发地。

● 三国同盟

德国、奥匈帝国、意大利在维也纳结成的秘密同盟。1882年5月20日，德、奥、意三国在维也纳签订同盟条约。三国同盟的缔结标志着欧洲列强两大对峙军事集团的一方初告形成。这个同盟条约与德奥同盟、三皇同盟同时存在，成为俾斯麦同盟体系的主要组成部分之一。

● 三国协约

英国、法国、俄国为对抗三国同盟，通过1904—1907年签订一系列协议而结成的一个帝国主义集团。与三国同盟不同，三个协约国没有签订一项共同条约，只有俄、法两国是负有军事义务的同盟国，而英国却拒绝承担军事义务。三国协约与三国同盟双方疯狂地进行扩军备战，终于导致第一次世界大战的爆发。大战中，协约国也就成了反对德国及其同盟者的国家的共同名称。

● 第一次世界大战

简称"一战"（1914年8月—1918年11月），是一场主要发生在欧洲但波及全世界的大战。当时世界上大多数国家都卷入了这场战争，是欧洲历史上破坏性最强的战争之一。战争过程主要是同盟国和协约国之间的争战。德意志帝国和奥匈帝国是同盟国，英国、法国、意大利、俄罗斯帝国和塞尔维亚是协约国。战线主要分为东线（俄国对德奥作战），西线（英法比对德作战）和南线（又称巴尔干战线，塞尔维亚对奥匈帝国作战），其中西线最惨烈。这场战争中大约有650万人参战，100万人失去了生命，200万人受伤。

● 施里芬计划的破产

1906年，任德军总参谋长的小毛奇（老毛奇之侄）在制定德军新的作战计划时，基本继承了施里芬的方案。然而，生性多疑的小毛奇既担心西线左翼的力量过于薄弱，不能抵挡法军，又害怕东线的防守兵力太单薄，抵挡不了俄军。因此，从1908年起，他对施里芬计划进行了调整，削弱西线右翼而增强左翼，企图使右翼主力部队在战争爆发后能够以最快的速度结束西线的战斗。1914年5月，小毛奇认为战争的全部准备工作已经完成。战争初期，西线德军取胜，然而小毛奇开始为德军的长驱直入和各集团军之间出现的缺口感到担忧。果然，法军协同英军撤过马恩河，占领有利地形，迅速形成夹击德军第2集团军右翼、包围第1集团军的态势，使施里芬计划化为泡影，宣告了德军速决战的破产。

● 马恩河战役

第一次世界大战期间，协约国军队同德军于 1914 年和 1918 年在法国马恩河地区进行的两次会战。1914 年 8 月，德军同法、英军队在法国边境展开激战，双方共投入 350 万大军，法军和英军被迫南撤。9 月 3 日，德军越过马恩河。5 日，法军主力经过重新部署，在马恩河一带 200 公里战线上开始反击德军，至 9 日迫使贸然南进的德第一、二集团军撤退到马恩河以北至凡尔登一线。马恩河战役使德军包抄法军的计划失败，德国在西线速决战略破产。

● 索姆河战役

第一次世界大战中期，英、法军队在法国北部索姆河地区对德军阵地进攻的战役。战役从 1916 年 6 月 24 日开始，至 11 月中旬结束。其目的是突破德军防御，以便转入运动战，同时减轻凡尔登方向德军对法军的压力。索姆河会战，是第一次世界大战中规模最大的一次战役。双方伤亡约 134 万人，其中英军 45 万余人，法军 34 万余人，德军 53.8 万人。英、法军未达到突破德军防线的目的，但钳制了德军对凡尔登的进攻，进一步削弱了德军实力。

● 凡尔登战役

凡尔登是协约国军队防线的突出部，对德军深入法国、比利时有很大威胁，它又是通往巴黎的坚固据点和法军阵线的枢纽。1916 年 2 月 21 日，德军集中前线所有大炮对凡尔登附近狭窄的三角地带连续轰击 10 多个小时，随后以 6 个师兵力向前推进。法军在凡尔登调集部队，开始反攻。德军战略进攻终于失败。此战役是典型的阵地战、消耗战，双方共投入近 100 万人，双方损失 70 多万人，凡尔登战场被称为 "绞肉机"、"屠场" 和 "地狱"。此战役是第一次世界大战的转折点，德意志帝国从此逐步走向失败。

● 日德兰大海战

德国称为斯卡格拉克海峡海战，是 1916 年 5 月 31 日—6 月 1 日，英德双方在丹麦日德兰半岛附近北海海域爆发的一场海战，是第一次世界大战中规模最大的海战，也是这场战争中交战双方唯一一次全面出动舰队主力的决战。最终，舍尔海军上将率领的德国公海舰队以相对较少吨位的舰只击沉了更多的英国舰只，从而取得了战术上的胜利；杰利科海军上将指挥的英国皇家海军本土舰队成功地将德国海军封锁在了德国港口，使得后者在战争后期几乎毫无作为，从而取得了战略上的胜利。

● 巴黎和会

1919年1月18日—6月28日，第一次世界大战的战胜国（协约国）和战败国（同盟国）在巴黎凡尔赛宫召开的和平会议，共27国参加（苏俄未被邀请）。会议标榜通过媾和建立世界永久和平，实际上是英国、法国、美国、日本、意大利帝国主义战胜国分配战争赃物，重新瓜分世界，策划反对无产阶级革命和民族解放运动的会议。巴黎和会也是中国"五·四"运动的导火线。

● 《凡尔赛和约》

全称《协约国和参战各国对德和约》，是第一次世界大战后，战胜国（协约国）对战败国（同盟国）的和约，于1919年6月28日在巴黎的凡尔赛宫签署的条约，标志着第一次世界大战正式结束。《凡尔赛条约》的主要目的是惩罚和削弱德国。中国在"五·四"运动后，没有签署凡尔赛条约，但与德国另签订和约。美国则因国会表决多数反对，所以也没签署凡尔赛和约。

● 国际联盟的建立

国际联盟，第一次世界大战后成立的国际组织，旨在减少武器数目及平息国际纠纷，但国联却不能有效阻止法西斯的侵略行为，第二次世界大战后被联合国所取代。

● 华盛顿会议

第一次世界大战后，美、英、日等帝国主义国家为重新瓜分远东和太平洋地区的殖民地和势力范围，由美国建议召开的国际会议，亦称太平洋会议。1921年11月12日—1922年2月6日，在华盛顿举行。华盛顿会议实质上是巴黎和会的继续，其目的是要解决《凡尔赛和约》未能解决的帝国主义列强之间关于海军力量对比和在远东、太平洋地区，特别是在中国的利益冲突，完善第一次世界大战后的帝国主义和平体系。

"一战"后的资本主义世界

● 美国限制移民

美国是依靠移民组成的国家，但随着西进运动的终结，劳工和劳工组织把新移民看作是缩小国内劳工市场和妨碍劳工组织发展的因素，因此要求限制移民入境。20世纪初的15年，平均每年有100万移民入境。从1917年开始，美国开始限制移民入境人数，但每年仍有100多万移民涌入。从1921年5月开始，美国将移民数量限制为1910年在美国新出生的外来人口的3%，这才使移民数量有所减少，然而仍不能令美国当局满意。

● 海军军备竞赛

20世纪初，英国海军装备"无畏"级战列舰和战列巡洋舰以后，海军发展进入巨舰大炮主义时代。英、美、法、日、意、德等海军强国之间，展开以发展主力舰为中心的海军军备竞赛。美国人马汉提出的海权论理论，适应了这种海洋战略的需要，为海军大国所推崇。

● 凡尔赛——华盛顿体系

1919—1920年，协约国同德国的盟国签订了一系列和约，这些和约同《凡尔赛和约》一起确立了凡尔赛体系，确立了在欧洲、西亚、非洲统治的新秩序，标志着第一次世界大战结束后列强之间经过激烈的外交斗争，终于在欧洲、西亚和非洲建立了战后资本主义世界的新秩序。华盛顿会议是凡尔赛会议的继续，通过华盛顿会议签订了一系列条约，所形成的华盛顿体系，确立了战后帝国主义在东亚、太平洋地区的统治秩序，特别是通过华盛顿会议，美国取得了外交上的极大胜利，这对战后美国在全球势力的迅速膨胀具有重大影响。经过华盛顿会议，资本主义世界在东亚和太平洋地区的秩序得到了安排，同凡尔赛体系一起，构成了战后资本主义国际新秩序，即通常所说的凡尔赛—华盛顿体系。

● 德国十一月革命

1918—1919年，以工人阶级为主体，广大革命群众参加的德国资产阶级民主革命。第一次世界大战使德意志帝国的经济陷于崩溃，在俄国十月革命影响下，国内阶级矛盾空前尖锐。德国工人阶级开始把争取结束战争的斗争同准备武装起义结合起来。1918年11月4日，基尔革命的水兵和工人组成了工兵代表苏维埃，夺取了基尔的全部政权，揭开十一月革命的序幕。汉堡、不来梅、莱比锡、慕尼黑等地纷纷响应起义。11月9日，德国首都柏林的工人和士兵爆发武装起义。12月16日，在柏林召开全德苏维埃代表大会。1919年1月5日，为抗议艾伯特政府免除左翼独立社会民主党人担任的柏林警察总监职务，首都工人举行大示威。11日，政府军队对工人进行血腥屠杀。1919年4月13日，巴伐利亚首府慕尼黑的工人群众在共产党领导下，举行起义夺取政权，宣布成立巴伐利亚苏维埃共和国，遭到资产阶级反动武装的残酷镇压，德国十一月革命结束。德国十一月革命推翻了封建专制制度，促使第一次世界大战结束，诞生和锻炼了德国共产党，在历史上具有重要意义。

● 魏玛共和国

1919—1933年期间统治德国的共和政体。由于共和国的宪法（一般称之为《魏玛宪法》）是在魏玛召开的国民议会上通过的，因此这个共和政府被称为魏玛共和国。共和国于德意志帝国崩溃、德国在第一次世界大战中战败后成立。虽然共和国废除帝制，但仍然保留以前的正式国名——德意志国家或德意志帝国。魏玛共和国这一名称是后世历史学家的称呼，从来不是共和国的官方名称。共和国是德国有史以来第一次走向共和的尝试。

● 李卜克内西与卢森堡

卡尔·李卜克内西，德国社会民主党和第二国际左派领袖，德国共产党创始人之一，德国青年运动的领袖，著名的无产阶级革命家，国际共产主义运动中著名的宣传家和组织家。罗莎·卢森堡，国际共产主义运动的杰出女活动家，马克思主义理论家，德国社会民主党和第二国际的左派领袖之一，德国共产党的创始人之一。李卜克内西和卢森堡在白色恐怖下转移到威尔麦斯多夫区新住所内，继续坚持斗争。由于叛徒告密，他俩在避居住地被捕，后被杀害。

● 共产国际

1919年3月，列宁领导创建的世界各国共产党和共产主义团体的国际联合组织，即第三国际，总部位于莫斯科。它的任务是宣传马克思主义，团结世界各国工人阶级和广大劳动人民，为推翻资产阶级的统治，建立无产阶级专政，消灭剥削制度而斗争。它以民主集中制为组织原则，最高权力机关是代表大会，各国共产党是它的支部。

● 阿姆利则惨案

1919年4月13日，英国殖民当局屠杀印度阿姆利则群众的事件。1919年2月6日，英印立法会议通过罗拉特法案，该法案规定警察可任意逮捕官方所怀疑的分子，不经公开审讯，可以长期监禁，印度人民完全失去政治自由。旁遮普的阿姆利则市2万多群众举行抗议集会，遭到英国驻军血腥屠杀，数百名群众丧生，另有千余人受伤。这一惨案，使印度人民的反英斗争迅速高涨。

● 匈牙利苏维埃共和国的成立

第一次世界大战后奥匈帝国解体，1918年11月，宣布成立第二个资产阶级共和国。1919年3月21日，匈牙利苏维埃共和国成立，同年8月被帝国主义干涉者联合武装进攻所颠覆，恢复了君主立宪政体，开始了霍尔蒂的法西斯统治。

● 爱尔兰自治

1916年，都柏林爆发抗英的复活节起义。随着爱尔兰民族独立运动的高涨，英国政府同爱尔兰于1921年12月签订了英爱条约，允许爱尔兰南部26个郡成立自由邦，享有自治权。

● 《色佛尔条约》

协约国与奥斯曼帝国在 1920 年 8 月 10 日签订的一项条约，属于 1919 年巴黎和会系列条约的一部分。主要内容为削弱奥斯曼帝国的领土及国力，防止它再发动对外扩张的战争。该条约被普遍认为是侧重协约国（尤其是英国、希腊和亚美尼亚等国）的利益，而对奥斯曼帝国和土耳其人则十分苛刻。

● 道威斯计划

第一次世界大战结束后，协约国于 1924 年制定的德国赔款支付计划。4 月 9 日，美国银行家道威斯拟定一项解决赔款问题的计划，史称道威斯计划。该计划企图用恢复德国经济的办法来保证德国偿付赔款，对 20 年代后半期德国经济的恢复和发展起了重要作用。1924—1929 年，德国支付赔款 110 亿金马克，获得外国各种贷款约 210 亿金马克。1928 年，德国声称财政濒于破产，无力执行该计划。1930 年，为扬格计划所取代。道威斯计划是道威斯高超的经济、政治才华的结晶之一，也是一战后美国迈向独立的世界主义政策的重要一步。

● 洛桑会议

第一次世界大战后，重新讨论并签订对土耳其和约的国际会议。土耳其人民在凯末尔的领导下，击败英国支持的希腊干涉军，迫使协约国重新讨论对土和约。1922 年 11 月 20 日，以英国、法国、意大利、日本、希腊、罗马尼亚、南斯拉夫等协约国为一方，土耳其为另一方，在瑞士洛桑召开和会，并签订《洛桑和约》，使土耳其摆脱《色佛尔条约》的奴役枷锁、获得在本土范围内的独立。

● 洛迦诺会议

20 世纪 20 年代中期，西方国家调整西欧各国关系并在政治上扶植德国的国际会议。1925 年 10 月 5—16 日，英、法、德、意、比、波、捷克斯洛伐克 7 国代表在瑞士洛迦诺举行会议，各与会国经过争吵达成妥协，于 10 月 16 日草签 7 个条约、1 个议定书，总称《洛迦诺公约》。洛迦诺会议暂时调整了西欧各国的关系，恢复了德国在欧洲的大国地位，削弱了法国的霸权地位。

● 杨格计划

1929年，第一次世界大战战胜国重新规定德国赔款问题的计划，因由美国银行家杨格主持制定，故名。计划规定：把德国应付的赔款总额缩减为1139亿马克，分59年付清；取消对德国财政经济的国际监督，由新成立的国际清算银行处理赔款的一切事宜。1929年10月，资本主义经济危机爆发，德国财政面临崩溃的危险。1931年6月，美国总统胡佛宣布，赔款和国际债务延期支付一年，德国此后不再支付赔款，杨格计划夭折。

● 柯立芝繁荣

第一次世界大战后，美国的经济得到了飞速的发展。这一时期，恰巧在美国第30任总统柯立芝任期内（1923—1929年），所以美国这一时期的经济繁荣又被称为柯立芝繁荣。美国在第一次世界大战中大发横财，扩张了经济实力，为柯立芝繁荣提供了物质基础；技术革命是柯立芝繁荣最基本、最重要的原因；广阔的国内外市场刺激了经济的发展。由此，促进了美国经济的迅速发展。国民生产总值和工业生产总值均创新纪录，汽车制造、电机电器制造和住宅建筑业发展尤其显著。资本主义世界工业生产的比重超过了当时英、法、德三国所占比重总和。但是，这种繁荣主要集中在部分工业部门和城市中，其他一些工业部门和农业的不景气，使美国经济发展很不平衡。由于股票投机成风，使繁荣本身带有一定虚假性。生产和资本的进一步集中则加深了资本主义社会的固有矛盾，孕育着新的危机。

● 罗斯福新政

罗斯福针对当时的经济危机，实施了一系列政策措施，历史上被称为新政，其主要内容可以用"三R"来概括，即：复兴、救济、改革。主要措施是：整顿银行与金融系，迅速恢复银行的信用，美元贬值以刺激出口；复兴工业，防止盲目竞争引起生产过剩；调整农业政策，施行《农业调整法》，由政府付款补贴，提高并稳定农产品价格；推行"以工代赈"，给失业者提供从事公共事业的机会；大力兴建公共工程，缓和社会危机和阶级矛盾，增加就业刺激消费和生产；根据《国家工业复兴法》，确定各企业的生产规模、价格水平、市场分配工资标准和工作时日数，以防止出现盲目竞争引起的生产过剩，从而加强了政府对资本主义工业生产的控制与调节，缓和了阶级矛盾。从1935年开始的第二期新政，在第一阶段的基础上，着重通过社会保险法案、全国劳工关系法案、公用事业法案等法规，以立法的形式巩固新政成果。1939年，新政取得了巨大的成功。新政几乎涉及美国社会经济生活的各个方面，其中多数措施是针对美国摆脱危机、最大限度减轻危机后果的具体考虑，还有一些则是从资本主义长远发展目标出发的远景规划，它的直接效果是使美国避免了经济大崩溃，开创了国家干预经济新模式，美国进入国家垄断资本主义时期。

● 乔伊斯与《尤利西斯》

乔伊斯，爱尔兰作家、诗人，20世纪最伟大的作家之一，他的作品及意识流思想对全世界产生了巨大的影响，其代表作《尤利西斯》是1922年出版的长篇小说。小说以时间为顺序，描述了主人公——苦闷彷徨的都柏林小市民——于1904年6月16日一昼夜之内在都柏林的种种日常经历。小说大量运用细节描写和意识流手法，构建了一个交错凌乱的时空，语言上形成了一种独特的风格。《尤利西斯》是英国现代小说中最有实验性、最有争议的作品。

● 卓别林

英国电影喜剧演员、导演、制片人、反战人士，后来成为一名非常出色的导演，从1919年开始，卓别林独立制片，此后一生共拍摄80余部喜剧片，这些影片反映了卓别林从一个普通的人道主义者到一位伟大的批判现实主义艺术大师的过程。卓别林以其精湛的表演艺术，对下层劳动者寄予深切同情，对资本主义社会的种种弊端进行辛辣的讽刺，对法西斯头子希特勒进行了无情的鞭笞。在好莱坞电影的早期和中期，他非常成功和活跃，并奠定了现代喜剧电影的基础。作为一名从无声片时代成功过渡到有声片时代的喜剧大师，卓别林留给后世的精神财富难以估量。

● 奥斯卡金像奖

1927年5月，美国电影界知名人士在好莱坞发起一个非营利组织，定名为电影艺术与科学学院，其宗旨是促进电影艺术和技术的进步。学院决定对优秀电影工作者的突出成就给予表彰，创立了电影艺术与科学学院奖。1931年后，学院奖逐渐被其通俗叫法奥斯卡金像奖所代替，现在其正式名称已鲜为人知。

● 弗洛伊德与《梦的解析》

弗洛伊德，犹太人，奥地利精神病医生及精神分析学家，精神分析学派的创始人。《梦的解析》又称为《释梦》，心理学的经典书籍，该书开创了弗洛伊德的梦的解析理论，被作者本人描述为"理解潜意识心理过程的捷径"。

"十月革命"与苏联的成立

● 布尔什维克的成立

苏联共产党建党初期党内的一个派别，俄文音译，意为多数派，是1903年在俄国社会民主工党第二次代表大会上形成的拥护列宁的多数派政党组织。从1903年以来，布尔什维克成为马克思主义者的称号，布尔什维克的理论和策略被称为布尔什维克主义。

● 《四月提纲》

二月革命后，俄国形成两个政权并立的局面，即工兵代表苏维埃和资产阶级临时政府。当时，国内人民内部有一定的骚动，正当人民不知道何去何从之时，列宁从芬兰回到彼得格勒，对人民作了及时的指导。1917年4月17日（俄历四月四日），列宁在塔夫利达宫布尔什维克会议上做《论无产阶级在这次革命中的任务》的报告，因其发表在俄历四月，故又称《四月提纲》。《四月提纲》指出，俄国当前形势的特点是从革命的第一阶段向革命的第二阶段过渡，第一阶段由于无产阶级的觉悟和组织程度不够，政权落到了资产阶级的手中，第二阶段应当使政权转到无产阶级和贫苦农民手中。《四月提纲》为布尔什维克党提出了从资产阶级民主革命过渡到社会主义革命的路线和计划。

● 十月革命

又称布尔什维克革命、俄国共产革命，因发生于俄历10月25日（1917年11月7日）而被称为十月革命。十月革命是1917年俄国革命经历的二月革命后的第二个阶段，是经列宁和托洛茨基领导下的布尔什维克领导的武装起义，建立了人类历史上第三个无产阶级政权——苏维埃政权和由马克思主义政党领导的第一个社会主义国家（第一个是巴黎公社无产阶级政权，第二个是匈牙利苏维埃共和国）。革命推翻了以克伦斯基为领导的资产阶级俄国临时政府，为1918—1920年的俄国内战和1922年的苏联成立奠定了基础。

● 苏维埃国内战争

苏俄建立之初，抵抗帝国主义武装干涉和国内反革命叛乱联合进攻，保卫新生苏维埃政权的战争。战争分两个时期：第一时期，从1918年春到年底，布尔什维克党宣布全国为军营，实行战时共产主义政策，把全国的经济、文化、政治生活纳入战时轨道，动员劳动人民誓死保卫社会主义祖国；第二时期，从1919年春到1920年底，俄国白卫军发动了三次大规模进攻。第一次从1919年春开始，以盘踞在西伯利亚一带的原沙皇海军上将高尔察克为主力从东线发起的进攻。第二次从1919年6月开始，以邓尼金匪帮为主力，从南线发起的大规模进攻。第三次从1920年4月开始，由波兰地主军队及盘踞在克里米亚的弗兰格尔白卫军从西线和西南线发起的进攻。经红军全线反攻，到1920年底，红军赢得了国内战争的胜利，世界上第一个社会主义国家由此得到了巩固。

● 《布列斯特和约》

全称《布列斯特—立托夫斯克和约》，是第一次世界大战中苏俄政府与德国及其同盟在布列斯特—立托夫斯克（今布列斯特）签订的和约。这个苛刻的和约，不仅使俄国丧失了将近100万平方公里的土地和近5000万居民，而且在被占领区有占全国煤炭开采量的90%，铁矿石的73%，54%的工业以及33%的铁路。

● 新经济政策

苏俄在1921年3月开始实行的向社会主义过渡的经济政策。新经济政策的一项重要内容是以征收粮食税代替余粮收集制。农民按国家规定交纳一定的粮食税，超过税额的余粮归个人所有，大大减轻了农民的负担。1922年，政府通过《土地法令大纲》，允许农民自由使用土地和在苏维埃监督下出租土地和雇佣工人。在流通方面，1921年5月，苏维埃政权通过关于交换的法令，宣布实行产品交换。国家通过合作社组织工业品同农民手中余粮直接交换。同时，允许私人在地方范围内进行商业往来。在工业方面，一切涉及国家经济命脉的重要厂矿企业仍归国家所有，由国家经营，而中小企业和国家暂时无力兴办的企业则允许私人经营。1920年11月，人民委员会发布租让法令，允许外国资本家在苏俄经营租让企业或同苏维埃国家组织合营股份公司。新经济政策的实行，重新建立了工业与农业之间正常的经济联系，巩固了工人阶级同农民的联盟，促进了生产力的发展，受到广大人民，特别是农民的欢迎，使1921年的危机迅速得到缓解。

● 苏联的成立

苏维埃社会主义共和国联盟，简称苏联。第一次世界大战期间，俄罗斯帝国爆发二月革命，导致沙皇下台，俄罗斯帝国解体，出现了由市民阶级组织的临时政府和工人士兵代表的苏维埃（俄语为大会之意）并存的局面。最后，以列宁为首的俄国社会民主工党左翼（布尔什维克）联合其他左翼政党在圣彼得堡发动起义。十月革命后，改国名为苏维埃社会主义俄国，简称苏俄。1922年12月30日，由俄罗斯、乌克兰、白俄罗斯和南高加索联邦共同组成的苏维埃社会主义共和国联盟（简称苏联）正式成立。

● 苏联工业化模式

列宁在《论粮食税》这一著作和他的合作社计划中，在阐明建设社会主义的计划时，都强调要实现社会主义工业化。社会主义工业化方针的确立，是由它的国际和国内条件所决定的，是由在苏联建成社会主义这一根本战略任务所决定的。列宁关于建设社会主义的一系列论述，为在苏联实现社会主义工业化提供了充分的理论根据。苏联党和政府明确规定：从重工业开始，从发展重工业的核心，即机器制造业开始，优先发展重工业，是苏联社会主义工业化的方针。这一方针的确定，不仅对苏联，而且对其他一些国家也产生过深远的影响。

● 1936年苏联宪法

苏联宪法，确认和规定苏联社会制度和国家制度基本原则的根本法。俄国十月社会主义革命胜利后，先后于 1918、1924、1936 和 1977 年颁布了 4 部宪法。社会主义工业化和农业集体化的实现，使苏联的经济和政治发生了很大的变化。1936 年 12 月 5 日，苏联苏维埃第八次非常代表大会通过《苏维埃社会主义共和国联盟宪法（根本法）》。宪法规定苏联为工农社会主义国家；确立社会主义公有制为苏联的经济基础；规定苏联是联邦制国家，苏联的最高权力机关是由联盟院和民族院两院组成的最高苏维埃及其主席团，主席团既是最高苏维埃的常设机关，也是集体元首。此外，宪法还规定了有关社会制度和国家制度的其他内容。

● 匈牙利苏维埃共和国

匈牙利的共产主义政权成立于 1919 年 3 月 21 日—8 月 6 日，由库恩·贝拉领导。这是自俄罗斯十月革命后首个在欧洲成立的共产主义政权，政权历时共 4 个月，后因罗马尼亚攻占布达佩斯而解散。

亚非拉民族独立与革命运动

● 日本米骚动

1918 年，日本爆发了第一次全国性的大暴动。这次革命暴动最初是从渔村妇女抢米为开端，各地也以抢米形式爆发，所以在日本历史上习惯称为米骚动。米骚动从抢米发展到与地主、资本家进行面对面的斗争，与反动军警进行搏斗，并且在群众中公开提出"打倒寺内内阁"的口号，因此运动本身乃是革命性的政治斗争。米骚动不仅沉重打击了日本的反动统治阶级，而且给予日本工人运动以强有力的推动，在日本革命运动史上是光荣的一页。

● 朝鲜三一人民起义

高宗被害事件，激起了朝鲜人民的愤怒。1919年3月，以孙秉熙为首的民族主义者33人，聚集在汉城签署了《独立宣言书》。日本宪兵警察将他们全部逮捕入狱。与此同时，30万群众在汉城举行了声势浩大的游行示威。全国各地纷纷响应，起义人民捣毁殖民统治机构，袭击日本公司，拒绝缴纳租税，还用木棒、斧头等工具同日本军警搏斗。日本殖民当局调动大批军警，采用野蛮的屠杀手段，把朝鲜人民的反抗斗争淹没在血泊之中。到1919年7月，起义终于被镇压下去。

● 祖国光复会

朝鲜抗日武装斗争时期，抗日民族统一战线组织。1936年5月5日，金日成为团结中国东北地区朝侨和国内各阶层人民参加抗日救国斗争，在中国东北建立祖国光复会，金日成任会长。祖国光复会是朝鲜第一个由共产主义者领导的抗日民族统一战线组织，它对促进朝鲜民族解放事业具有重大贡献。

● 印度非暴力不合作运动

一战后，印度人民掀起了民族独立运动高潮。1920年，印度资产阶级政党国民大会党通过了甘地提出的非暴力不合作计划，改变大战期间同英国合作的态度，宣布要采取和平与合法的手段，来取得印度的自治。非暴力不合作运动形成了声势浩大的群众运动，打击了英国的殖民统治，增强了印度人民的民族自尊心和自信心。但到了1922年，由于群众斗争突破了非暴力的限制，甘地和国大党决定停止这次非暴力不合作运动，使印度的民族反帝运动走向低潮。

● 哈里发运动

印度穆斯林反对英国殖民统治、保卫伊斯兰教哈里发领袖地位的政治运动，亦称基拉发运动。1919年，印度成立了全印哈里发运动委员会，该委员会领导印度穆斯林反对英国等西方列强瓜分土耳其，掀起保卫哈里发的宗教领袖地位的浪潮，旨在争取印度的民族独立和穆斯林的社会政治地位。国大党也全力支持这个运动。1920年8月，协约国逼迫土耳其苏丹签署《色佛尔条约》，正式瓜分土耳其原所占据的伊斯兰国家的领土，促使这一运动进一步发展。1921年，1万名穆斯林发动反英起义，在马拉巴尔海岸建立了哈里发王国，与英国殖民当局对抗。1923年，随着不合作运动的低落和1923年土耳其革命的胜利，印度哈里发委员会停止工作，哈里发运动自行结束。

● 土耳其革命

1908—1909年，青年土耳其党人发动并领导的以反对阿卜杜勒哈米德二世封建专制统治制度，实行君主立宪制为主要目标的资产阶级革命。1908年7月3日，统一进步协会雷斯内组织150人上山，首先以"自由、平等、博爱、正义"为号召，宣布反对苏丹政府及外国瓜分阴谋。起义军迅速席卷驻马其顿的第三军团和第二军团，宣布恢复1876年宪法。1909年4月，效忠于苏丹的首都第一军团的部分士兵发动叛乱，要求取缔统一进步协会。萨洛尼卡的统一进步协会立即组成由马赫穆德·塞夫凯特帕夏统率的行动军，控制了叛乱。青年土耳其党人通过议会废黜阿卜杜勒哈米德二世，另立其弟穆罕默德·赖希德为苏丹，是为穆罕默德五世（1909—1918在位）。从此，青年土耳其党人开始执政。

● 阿富汗的独立

1919年，阿曼努拉汗继任国王，宣布阿富汗在对内对外方面完全独立，并写信给英国印度总督，要求英国承认阿富汗的独立，遭到无理拒绝。同年5月，战争爆发，阿富汗军民在大部分战线上取得胜利。由于当时印度境内爆发非暴力不合作运动，英国急于结束战争。6月，双方缔结停战协定。8月，在拉瓦尔品第签订和约，英国正式承认阿富汗独立。

● 埃及的独立运动

卡迈尔，埃及民族独立运动领袖、政论家。1907年10月，创立民族党，并任该党主席，主张独立和实行改革。扎格卢勒，埃及王国首任首相、政治活动家。青年时代曾参加奥拉比帕夏领导的反英战争，后为祖国党的领袖之一。第一次世界大战后，在争取民族独立运动中曾经起领导作用，是华夫脱党的主要创始人之一，要求英国政府同意埃及的独立，并组织暴动。1924年初，华夫脱党在大选中获胜，扎格卢勒出任首相。

自1882年起，埃及被英国军队占领，脱离奥斯曼帝国的控制。1914年，埃及成为英国的保护国。1922年2月28日，英国被迫承认埃及独立，埃及王国由此成为非洲的一个独立国家。但是，英国仍保留对埃国防、外交、少数民族等问题的处置权。

● 阿根廷"血腥的一周"

在俄国革命影响下，阿根廷工人阶级和人民群众掀起革命高潮。1919年1月，布宜诺斯艾利斯工人举行罢工。英国华森公司冶金厂罢工工人遭到资方雇佣暴徒的枪杀。7日起，进行全市抗议总罢工，20万人为死难者送葬，又遭警方射击，激起工人起义。政府派正规军镇压。15日，起义和总罢工失败。一周内工人死伤约6000人，成千上万人被捕。

● 巴西瓦加斯改革运动

瓦加斯，巴西总统。1934年7月颁布新宪法，第一次规定妇女享有选举权，提出促进巴西民族资本主义经济发展的纲领。1937年11月，他以社会"骚乱"为借口，解散国会，废除1934年宪法，另订新宪法，建立被称为"新国家"的极权政府。接着，禁止一切政党活动，并给地方寡头势力一定打击，巩固了自己的统治地位。瓦加斯采取优先发展民族工业和农业经济多样化的方针，注意保护与开发国家资源，提出"向西部进军"的口号，推行教育改革，实施社会保险，以争取人民的支持。1943年以后，随着国际反法西斯战争的不断胜利和国内民主运动的高涨，他采取了一系列民主措施。并于1945年4月与苏联建立外交关系。

● 智利人民阵线的成立

1912年7月4日，智利成立革命工人党。1922年1月，工人党改名为共产党并加入共产国际。此后，该党为劳动者的利益，为自由、民主和社会正义进行了不懈的斗争。1936年同激进党、社会党等结成人民阵线，并在1938年大选中获胜。1941年人民阵线破裂后又组成民主联盟，取得1942—1946年大选的胜利。

20世纪初的世界危机

● 鲁尔危机

1923年1月11日，法国联合比利时，以德国不履行赔款义务为借口，出动10万军队占领德国的鲁尔工业区，酿成鲁尔危机。对此，德国实行消极抵抗政策，出现工人罢工、企业停工、工业生产下降、资金大量外流、失业工人激增、通货膨胀等现象。危机对德国的打击是惨重的。英美两国害怕德国经济陷于崩溃导致社会危机甚至引起革命，要求尽快结束鲁尔危机。此时，德、法双方也都难以坚持原来的政策。鲁尔冒险的失败导致法国得不偿失，在德国赔款问题上丧失优势，最终导致德国赔款问题的领导权转向英美手中，开始受英美的摆布。

● 英国"红色星期五"

1925年，英国煤炭工业受德国煤炭工业竞争的影响发生危机。6月，煤矿主决定降低矿工工资，取消最低工资限额，延长工作时间，并以同盟歇业相威胁。这个决定遭到英国工人阶级的坚决反对。7月31日，星期五，煤矿、运输、铁路工人的三角同盟举行罢工。由于保守党政府被迫作出让步，于当天宣布向矿工主提供一笔9个月的补助金，使他们可以照发工人的工资，一触即发的劳资冲突暂时得以延缓。这是英国工人阶级取得的一次重大胜利，显示了团结的力量。7月31日被称为"红色星期五"，是1926年总罢工的序曲。

● "黑色星期二"

1929年10月29日，纽约证券交易所里所有的人都陷入了抛售股票的漩涡之中，这是美国证券史上最黑暗的一天，是美国历史上影响最大、危害最深的经济事件，影响波及西方国家乃至整个世界。此后，美国和全球进入了长达10年的经济大萧条时期。因此，这一天被当做大萧条时期开启的标志性事件。由于当时正值星期二，故被称为"黑色星期二"。

● 大萧条

1929—1933年间全球性的经济大衰退。大萧条的影响比历史上任何一次经济衰退都要来得迅猛。这次经济萧条是以农产品价格下跌为起点，首先发生在木材的价格上。更大的灾难是，农业衰退由于金融的大崩溃而进一步恶化。1929年10月，发生了令人恐慌的华尔街股市暴跌。这场灾难使中欧和东欧许多国家的制度破坏了，导致工厂关闭、货物越少，危及了船运业和造船业。经济衰退造成大规模失业人口，美国1370万、德国560万、英国280万。大萧条的普遍影响是：提高了政府对经济的政策参与性，即凯恩斯主义；以关税的形式强化了经济的民族主义；激起了作为共产主义替代物的浪漫—极权主义政治运动（如德国纳粹）。大萧条相对于其他单一原因来说是最能够解释，为什么在1932—1938年之间欧洲大陆和拉丁美洲各国政治逐渐右翼化；阿道夫·希特勒、贝尼托·墨索里尼等独裁者的崛起，为什么会间接造成第二次世界大战的爆发。

● 纳粹党

德国法西斯政党，即民族社会主义德意志工人党。纳粹是德语民族社会主义者一词的缩写词"Nazi"的汉语音译。1920年9月30日，该党用德意志民族社会主义工人联盟的名义在慕尼黑登记。1921年6月29日，希特勒任该党元首。1946年9月30日，被纽伦堡国际军事法庭宣判为犯罪组织。纳粹党的理论是19—20世纪各种反动思想的混合，法西斯主义者通过狡诈的种族及社会煽动、民族主义与"社会主义"的欺骗宣传，散布对民主主义、马克思主义和犹太人的刻骨仇恨，宣扬种族优劣论、个人独裁论和生存空间论，为其侵略扩张和战争政策制造理论根据。

● 啤酒店暴动

1923年1月，法国、比利时借口德国未按期支付赔款出兵占领鲁尔，德国出现严重混乱局面。纳粹党乘机策划发动暴乱，阴谋用武力夺取政权。11月8日，在军国主义分子，原德军总监鲁登道夫等人的支持下，希特勒率领武装党徒占据慕尼黑市贝格布劳夫凯啤酒店，劫持在那里集会的州政府首脑，宣布巴伐利亚政府和魏玛共和国已被推翻，成立临时全国政府。次日，希特勒和鲁登道夫率领2000余名武装政变分子举行游行，准备占领慕尼黑，并以此为基地在全国建立纳粹党政权。此时，纳粹党力量有限，没有得到垄断资本的全力支持，也没有得到国防军的支持，集会遭到警察武力驱散，16人丧生，希特勒和鲁登道夫等人被捕并被判刑，政变宣告失败。此后，纳粹党转而力图用合法方式夺取政权。

● 国会纵火案

1933年2月27日，德国纳粹党策划的焚烧柏林国会大厦，借以陷害德国共产党和其他进步力量的阴谋事件。希特勒通过此次事件将德国共产党解散。

● 盖世太保

纳粹德国秘密警察的缩写"Gestapo"的音译。盖世太保由党卫队控制。它在成立之初是一个秘密警察组织，后加入大量党卫队人员，一起实施"最终解决方案"，屠杀无辜。随着纳粹政权的需要，盖世太保发展成为无所不在、无所不为的恐怖统治机构。纳粹通过盖世太保来实现对德国及被占领国家的控制。

● 法西斯

一种国家民族主义的政治运动，在1922—1943年间的墨索里尼政权下统治了意大利。法西斯主义指，资本主义危机时期垄断资产阶级，可以视为是极端形式的集体主义，反对个人主义，是一种疯狂侵略他国、残害别族的思想。第一次世界大战后，墨索里尼在意大利建立了法西斯党，鼓吹和推行法西斯主义，党徒身穿黑色制服，故又称黑衫党。1922年，墨索里尼发动政变，夺取政权，在意大利建立了世界上第一个法西斯专政。由此，法西斯成为独裁和暴力的代名词。1934年，希特勒发动政变，夺取政权，建立了比意大利更加专制和残暴的法西斯专政。在日本，鼓吹和推行法西斯主义的主要是日本军部，一些右翼党派和"御用文人"则充当了帮凶和吹鼓手。日本法西斯主义更具有军事专制独裁色彩，故称为日本军国主义。

● 日本"二二六"事件

1936年2月26日，以皇道派青年军官率领的近卫步兵第三联队为中心的1500名日本军人，袭击了首相官邸等数处枢要部门，杀害了内大臣斋藤实、教育总监渡边锭太郎和大藏大臣高桥是清，重伤天皇侍从长铃木贯太郎，之后占据永田町一带达4天之久。这次起事的目的是"尊皇讨奸"，实行"昭和维新"。实际上，起事的缘由是皇道派与统制派之间、部队军官与幕僚军官的长期倾轧，以至最终反目。讽刺的是，皇道派发动政变时所积极追求的目标，例如军部独裁、国家政权法西斯化，在政变失败后反而得以实现。这不仅是因为同属法西斯派别的统制派牢牢掌握了军部大权，而且内阁也被以新首相广田弘毅为首的文官法西斯集团所控制。

● 美国中立法

30年代大危机使美国更多关注国内经济问题，对国际事务参与不多，国内孤立主义势力占上风，主张在法西斯侵略面前退守美洲，置身于欧洲之外以自保。1935年8月31日，美国国会通过第一个中立法，禁止向一切交战国输出武器。1936年2月，国会对该法进行修改，增加禁止贷款给交战国和武器禁运不适用于拉丁美洲等内容。1937年4月，美国国会通过第三个中立法，使武器禁运适用于发生内战的国家。这三个中立法实际上援助了侵略者，而不对被侵略者提供援助，纵容了法西斯的侵略扩张。

● 柏林——罗马轴心协定

1936年10月25日，德国和意大利达成协调外交政策的同盟条约，建立柏林——罗马轴心。1939年5月22日，两国又签订了《德意同盟条约》（钢铁条约）。1940年9月27日，德国、日本和意大利三国外交代表在柏林签署《德意日三国同盟条约》（三国公约），成立以柏林——罗马——东京轴心为核心的军事集团。

● 西班牙内战

1936—1939年，西班牙法西斯军人发动的反对共和政府的军事叛乱。1936年2月，西班牙举行大选，人民阵线获胜，成立联合政府。西班牙军官佛朗哥由此发动武装叛乱，开始了西班牙内战。1936年9月—1937年3月，佛朗哥先后向西班牙共和国的首都马德里发动4次大规模的进攻。由于共和国部队的军力与佛朗哥力量的悬殊，加之共和国方面混入了叛徒，共和国政府被推翻，开始了佛朗哥的独裁统治。

● 马德里保卫战

西班牙内战中，共和国军队于1936年11月—1939年3月进行的首都保卫战。1936年7月18日，佛朗哥发动武装叛乱，从北面和西面两个方向进军马德里。共和军和民兵在马德里以西构筑三道防线英勇抗击。11月6日，新组建的共和军和共产国际组织的国际纵队两个旅赶赴前线，在米亚哈将军指挥下加强防御。同日，叛军2万人在德、意干涉军的坦克和飞机支援下，从西南方向发起猛攻。1937年2月，共和军实施反击，粉碎叛军从东南方向合围首都的企图。1939年3月，共和军卡萨多上校在马德里发动军事政变，马德里陷落，内战结束。马德里军民为保卫共和国首都浴血奋战、宁死不屈的精神，鼓舞了欧洲各国人民的反法西斯斗争。

● 苏台德危机

1938年法西斯德国侵占捷克斯洛伐克西北边疆苏台德地区的事件。1938年5月，希特勒向德捷边界集结军队，以发动战争相要挟。捷政府为捍卫国家独立，在人民群众支持下准备抗击德国入侵。德、捷边境形势骤然紧张，出现了五月危机。英、法权衡当时形势的利弊，向德提出警告，苏联表示坚决支持捷。希特勒看到国际局势对其不利，不得不暂时退却。1938年9月，《慕尼黑协定》签订，英、法出卖捷克。10月初，德夺取苏台德区。

● 慕尼黑阴谋

二战之前，英法为避免战争爆发而签署《慕尼黑协定》，是牺牲捷克苏台德区的一项绥靖政策。第一次世界大战之后，捷克在英法保护下恢复了主权，同英法签订了互助同盟条约。如果德国和捷克交战，英法按照条约必然卷入战争，由此英国首相张伯伦和希特勒协定，决定把苏台德区割让给德国。

第二次世界大战

● 德军突袭波兰

第一次世界大战德国战败后，通往波罗的海的"波兰走廊"将原本连成一片的德国领土分成了两块，德国人对此一直耿耿于怀。1939年3月15日，希特勒兵不血刃地兼并了捷克斯洛伐克，随即要求波兰归还但泽，并解决"波兰走廊"问题，遭到拒绝。1939年4月3日，希特勒下达了代号为"白色方案"的秘密指令。9月1日凌晨，德军轰炸机群向波兰境内飞去，几分钟后波兰人便第一次尝到了人类历史上规模最大的、来自空中的突然死亡与毁灭的滋味。德军地面部队从北、西、西南三面发起了全线进攻，趁势以装甲部队和摩托化部队为前导，很快从几个主要地段突破了波军防线。9月3日，德国对英法两国的最后通牒置之不理。于是，英法两国相继对德宣战，第二次世界大战全面爆发。

● 《苏德互不侵犯条约》

又称苏德条约、莫洛托夫—里宾特洛甫条约，是1939年第二次世界大战爆发前夕苏联与纳粹德国在莫斯科秘密签订的一份协议。苏方代表为莫洛托夫，德方代表为里宾特洛甫。该条约划分了苏德双方在东欧地区的势力范围。条约签订后，1939年9月1日，纳粹德国对波兰实施闪电战，随后苏军也入侵波兰。9月25日，苏德两军举行联合阅兵式，标志两国对波兰的瓜分占领。

● 国际反法西斯联盟的建立

德意日轴心国家的侵略，促进了反法西斯联盟的成立。1939年11月，美国国会修改中立法，取消禁止向交战国出售武器的决定。1941年6月，德国入侵苏联后，英美宣布支持苏联。7月，苏联同英国签订了关于在对德战争中共同行动的协定。接着，又和捷克斯洛伐克和波兰流亡政府签订了类似协定。1941年8月14日，罗斯福和丘吉尔在大西洋纽芬兰海面的一艘军舰上举行会谈，发表了关于对德作战目的和战后和平的宣言，即《大西洋宪章》。1942年1月1日，美、苏、英、中等26个国家在华盛顿签署了《联合国家宣言》，宣布签字国保证在战争中互相合作，不与轴心国单独媾和。这一宣言的签署标志着反法西斯联盟的正式形成。反法西斯联盟的建立加强了世界反法西斯力量的团结，为战胜轴心集团奠定了良好基础。

● 马其诺防线

马其诺防线始建于1929年，建成于1936年，南起地中海沿岸法意边境、北至北海之滨的法比边境，全长约700公里，由一组组相互独立的筑垒式防御工事群构成。每一组工事包括一个主体工事和一些观察哨所，相互间以电话联系。主体工事一般距地面30米，其中有指挥部、炮塔、弹药房、修理厂、发电设备、修理设备、医院、食堂、宿舍等各类设施，工事外面则密布金属柱、铁丝网。工事内，粮食和燃料的储存一般可坚持3个月。最能体现马其诺防线技术水平的，是炮火指挥系统。伸出地面重达好几吨的活动炮塔，可以上下自由升降和进行360度旋转。然而，这样一个庞大、先进而又史无前例的防御工事居然不废一枪一炮就被德军轻易攻破。1940年5月，德军机械化部队突袭比利时，翻越阿登山区，侵入法国，直接插到马其诺防线的背后，同时兵临巴黎城下。而此时，固守在马其诺防线的法国士兵居然没有向首都方向抽调一兵一卒，还在顽强地等待着敌人的正面进攻。

● 自由法国运动

1940—1942年，戴高乐领导的法国反纳粹德国侵略的抵抗组织所进行的一系列活动。1940年6月，法国沦陷后，戴高乐于18日在英国伦敦发表了《告法国人民书》，呼吁人民继续抗战，标志着自由法国运动的开始。1940年7月，自由法国海军已有28艘军舰，空军已组成一个轰炸机小队和一个战斗机小队，陆军则为一个旅的战斗编制。8月，连同总部、行政管理部门和在英国接受训练的新兵在内，自由法国兵力的总数大约为6000人。1941年9月，建立最高领导机构"自由法国民族委员会"（简称"自由法国"）。1942年6月，改组为"战斗法国委员会"（简称"战斗法国"）。1943年6月，自由法国联合其他抵抗组织成立法国民族解放委员会。1944年，法国光复后，自由法国成为临时政府。

戴高乐凭借顽强的毅力和爱国精神，为拯救和维护法国的民族独立，做出了不可磨灭的功勋，是法国人民热爱的一位英雄和领袖。

● 敦刻尔克大撤退

1940年5月，英法联军防线在德国机械化部队快速攻势下崩溃之后，在敦刻尔克这个位于法国东北部靠近比利时边境的港口城市进行当时历史上最大规模的军事撤退行动，最终英国仍得以利用各种船只撤出大量的部队。虽然这次大规模的撤退行动成功挽救了大量的人力，但是英国派驻在法国远征军的所有重型装备都丢弃在欧洲大陆上，造成英国本土地面防御严重不足的问题。

● 不列颠空战

德国为了避免与英国开战，于1940年6月向英国发出妥协的要求，但遭到英国首相丘吉尔的拒绝。因此，德国制订了针对英国的海狮计划。此次作战需要首先歼灭英国的空中力量，以保障登陆行动的进行。因此，纳粹德国元帅戈林受命歼灭英国的空军，将进攻日期正式定于8月12日，名为鹰日。德国空军开始突袭英国本土，但在英国南部恶劣天气的影响下，以及英国使用新研发的雷达的协助，使德国在鹰日行动中损失了47架飞机，而英军只损失了13架飞机。自此，英德的空军不断在英国的空中交战，双方亦伤亡惨重。德国对英国城市利物浦发动轰炸，造成英国大量平民伤亡。后来，英国皇家空军开始对德国进行反击，在8月下旬接连轰炸德国首都柏林。德国为了对抗英国空军的夜袭，于9月初发动对伦敦的空袭，双方原先遵守不攻击对方城市的默契自此打破。由于德国空军无法摧毁英国皇家空军，也无法掌握英国南方海峡沿岸的制空权，登陆英国的海狮计划终止，而对英国地面目标轰炸改为以夜间为主，对英国大规模的空中行动在此时划上休止符。

● 大西洋宪章

1941年美国总统罗斯福与英国首相丘吉尔签署的联合宣言，全名为

《美国总统和英国首相的联合宣言》。苏德战争爆发后，第二次世界大战范围扩大，美、英迫切需要进一步协调反法西斯的战略。两国首脑于1941年8月在大西洋北部纽芬兰阿金夏海湾的"奥古斯塔号"军舰上举行大西洋会议。8月13日，签署大西洋宪章。大西洋宪章提出的对法西斯国家作战的目的和进步民主的战后和平目标的重建，体现了资产阶级民主政治的一般原则，对于国际反法西斯统一战线的形成和打败德日侵略者起到了积极的推进作用。

● 日军偷袭珍珠港

偷袭珍珠港是日本政府策划的一起偷袭美国军事基地的事件。1941年12月7日清晨，日本海军的航空母舰舰载飞机和微型潜艇突然袭击美国海军太平洋舰队在夏威夷基地的珍珠港，以及美国陆军和海军在欧胡岛上的飞机场。就其战略目的而言，日本对珍珠港的袭击从短期和中期的角度看，是一次辉煌的胜利，从长期的角度看，偷袭珍珠港对日本来说是一个彻底的灾难。这次袭击最终将美国卷入第二次世界大战，太平洋战争由此爆发。

● 莫斯科保卫战

第二次世界大战中苏德战争的一次会战，是苏联军队保卫首都莫斯科及其后反攻德军的战役，也是苏军为粉碎德军中央集团军群各突击集团而实施的一系列防御战役（1941年9月30日—12月5日）和进攻战役（1941年12月5日—1942年4月20日）。纳粹德国在莫斯科会战中第一次遭到重大战略性失败，使其企图快速征服苏联的计划破产。莫斯科保卫战的胜利打破了德军不可战胜的神话，彻底打击了法西斯德国的嚣张气焰，使德军再也无力在全线发动进攻，为斯大林格勒战役（二战的根本转折点）奠定了坚实的基础。

● 太平洋战争

日本法西斯发动的侵略战争，是第二次世界大战主战场之一，是民主力量与法西斯势力在全球最广阔海域的大冲撞。战争初期阶段（1941—1942年）：日军在太平洋中部和南部的一些战略岛屿达到了建立空军前进基地的目的。中途岛海战是太平洋战争的转折点，日本由战略进攻转入战略相持。战略相持阶段（1942—1943年）：美军开始局部反攻，在所罗门群岛的瓜达尔卡纳尔岛登陆，展开了长期的争夺战。美军逐步改善了不利的战略态势，为太平洋战场上即将开始的战略进攻创造了有利条件。战略反攻阶段（1943—1945年）：1943年6月，美军攻取马绍尔群岛。1944年3月，美军实施夺取马里亚纳群岛的作战行动。1944年10月23日—10月26日，爆发了世界上迄今为止规模最大的海战——莱特湾海战。经此海战，日本海军几乎丧失了远洋作战能力，也丧失了制海权。1945年3—6月，美军在付出沉重代价后占领硫磺岛和冲绳，逼近日本本土。

● 斯大林格勒保卫战

又称斯大林格勒战役，是第二次世界大战中苏联卫国战争的主要转折点，是第二次世界大战的转折点，也是人类历史上最为惨烈和规模最大的战役之一。此次战役包括以下几部分：1942年5月德军横扫苏联西南地区，逼近斯大林格勒；德国空军对苏联南部城市斯大林格勒的大规模轰炸行动；德军攻入市区；市区巷战；苏联红军反击；苏军合围、全歼轴心国部队。这次会战（1942年7月17日—1943年2月2日），历时6个月半，持续199天。苏军也几乎消灭了德军第6集团军全部和第4装甲集团军部分，有21个德国师的番号从序列表中被撤去，另有大量直属部队被消灭，轴心国损失了其在东线战场1／4的兵力。同时，苏联也付出了沉重的代价，苏军47万人死亡、65万人受伤或被俘。战争中，双方总伤亡人数超过200万。斯大林格勒会战后，德军完全丧失了苏德战场的战略主动权，标志着苏联收复沦陷领土的开始，并最终迎来了1945年5月对纳粹德国的最后胜利。

● 中途岛海战

第二次世界大战的一场重要战役，也是美国海军以少胜多的一个著名战例，于1942年6月4日展开。美国海军不仅在此战役中成功地击退了日本海军对中途岛环礁的攻击，还得到了太平洋战区的主动权，因此成为太平洋战区的转折点。

● 阿拉曼战役

第二次世界大战中的著名战役。1942年10月—11月，在埃及北部的阿拉曼地区，英国第8集团军在蒙哥马利指挥下对隆美尔统率的德、意联军"非洲军团"发起攻击，两军激战12天，英国军队在此给德、意法西斯军队以沉重打击，使德、意军队被迫退到突尼斯边境，从而扭转了北非战场的格局，成为法西斯军队在北非覆灭的开端。此后，德、意法西斯军队开始在北非战场节节败退，直至1943年5月被完全逐出非洲。在这场战役中，双方都付出了巨大的代价。英军阵亡将士达7000多人，而德、意军队伤亡及被俘人数近6万。

● 库尔斯克会战

第二次世界大战期间苏德战场的决定性战役之一，这场战役被称为世界上最大的坦克战，与阿登反击战一同被称为突出部战役。参战装甲部队坦克超过5000辆，空军部队参战飞机也超过了2000架，库尔斯克会战中，德军30个精锐师包括7个装甲、坦克师被击溃，其余的遭受重创，损失兵力50多万、坦克约1500辆、火炮和迫击炮3000门、飞机3700架；苏军也付出了巨大的代价，损失兵力80多万、坦克6064辆、火炮5244门、飞机1716架。但是，会战的胜利使苏联永久性地掌握了苏德战场主动权，并收复大量失地。同时，苏军的各级指挥员在战火中迅速成长起来，最终使苏军在数量和质量上都超过了德军。此后，德军再也没有在欧洲战场的东线发起有威胁的攻势。

● 开罗会议及《开罗宣言》

第二次世界大战取得决定性胜利后，中、美、英三国首脑于1943年11月22—26日，在开罗举行会议，讨论如何协调对日作战的共同军事问题和战后如何处置日本等政治问题，史称开罗会议。中美首脑商谈后，美国总统特别助理霍普金斯受罗斯福委托，根据美、英、中三国会谈和美中会晤精神，起草《开罗宣言》。1943年12月1日，中、美、英三国在重庆、华盛顿、伦敦三地同时发表《开罗宣言》。《开罗宣言》是第一份确认台湾是中国领土的具有国际法效力的条约性文件，它从法律上明确了日本侵占台湾的非法性，为战后中国处理台湾问题提供了国际法依据。

● 德黑兰会议

第二次世界大战期间，美、英、苏三国首脑罗斯福、丘吉尔和斯大林在伊朗首都德黑兰举行的会议。1943年，反法西斯战争各主要战场形势发生根本转折，盟国已经取得战略进攻的主动权。为商讨加速战争进程和战后世界的安排问题，美、英、苏三国首脑于1943年11月28日—12月1日在德黑兰举行会晤。

● 诺曼底登陆

第二次世界大战中，盟军在欧洲西线战场发起的一场大规模登陆作战。以"Operation Overlord"为行动代号的战役发生在1944年6月6日早6时30分，结束于8月19日盟军渡过塞纳—马恩省河。诺曼底战役是目前为止世界上最大的一次海上登陆作战，近300万士兵渡过英吉利海峡前往法国诺曼底。盟军登陆后，7天里共登陆士兵32.6万，运送物资10.4万吨。诺曼底登陆的胜利，宣告了盟军在欧洲大陆第二战场的开辟，意味着纳粹德国陷入两面作战的境地，减轻了苏军的压力，协同了苏军攻克柏林，迫使法西斯德国提前无条件投降，以便美军将主力投入太平洋对日作战中，加快了第二次世界大战的结束。

● 奥斯威辛集中营

纳粹德国时期建立的劳动营和灭绝营之一，有"死亡工厂"之称。其遗址在波兰小镇奥斯威辛。集中营内共有3个主要营地和39个小型营地，分布在整个波兰南部西里西亚地区。集中营内部壁垒森严，四周电网密布，设有哨所看台、绞刑架、毒气杀人浴室和焚尸炉（由奥斯维辛一号、奥斯维辛二号、奥斯维辛三号组成，是希特勒种族灭绝政策的执行地），有多达110万人死于该集中营。奥斯威辛集中营是纳粹德国犯下滔天罪行的历史见证。

● "红色间谍"佐尔格

佐尔格，苏联侦察员、新闻记者、苏联英雄。佐尔格是二战中最富有传奇色彩的人物。这位毕业于柏林大学和基尔大学的博士，以"著名记者"的身份在东京德国使馆拥有单独的办公室，并与使馆官员保持亲密无间的关系。他获取的有关德国要发动对苏战争，以及日本不会在西伯利亚采取军事行动的绝密情报，已作为谍报活动的典范载入史册，被誉为最有胆识的"红色间谍"。

● 雅尔塔会议

1945年初，德国法西斯临近灭亡，反法西斯战争接近最后胜利，美、英、苏三国首脑罗斯福、丘吉尔、斯大林，于2月4日—11日在苏联克里米亚半岛雅尔塔举行会议，故又称克里米亚会议。雅尔塔会议基本解决了战后和平与安排的问题，对于缓和盟国之间的矛盾、加强反法西斯统一战线、协调对德日的作战行动、加速反法西斯战争胜利进程以及战后惩处战争罪犯、消除纳粹主义和军国主义势力影响起到了重要作用，对战后世界格局的形成产生了深远影响。

● 波茨坦会议与《波茨坦公告》

1945年7月7日—8月2日，斯大林、杜鲁门和丘吉尔（会议后期为英国新任首相艾德礼）在柏林西郊的波茨坦举行二战期间的第三次、也是最后一次三国首脑会议。会议讨论了德国问题、波兰问题、奥地利问题、对日作战问题、缔结和约、接纳联合国会员等一系列问题，确定了美、苏、英、法四国管制和处置德国的政治及经济的原则。会议期间，发表了《中美英三国促令日本投降之波茨坦公告》，简称《波茨坦公告》，促令"日本政府立即宣布所有日本武装部队无条件投降"。苏联于8月8日对日宣战后加入该公告。由此，《波茨坦公告》成为四国的对日共同宣言。波茨坦会议是三大国首脑在战争期间召开的最长的一次会议，也是最后一次会议，对夺取反法西斯战争的最后胜利具有重大意义，为建立战后新秩序打下了基础，对战后国际关系的发展产生了重大影响。

● 原子弹的使用

为迫使日本投降，1945年8月6日，美国向广岛投放代号"小男孩"的原子弹（采用枪式结构，弹重约4100公斤、直径约71厘米、长约305厘米，核装药为铀235，爆炸威力约为14000吨梯恩梯当量），造成14万人丧生；8月9日，美国向长崎投放代号"胖子"的原子弹（采用内爆式结构，弹重约4500公斤、最粗处直径约152厘米、长约320厘米，核装药为钚239，爆炸威力约为20000吨梯恩梯当量），造成7万人丧生。日本在第二次受袭后的第6日（8月15日），宣布无条件投降。

● 日本无条件投降

1945年8月15日中午，日本裕仁天皇发表《停战诏书》，宣布接受《波茨坦公告》所规定的各项条件，无条件投降。中国经过艰苦卓绝的八年抗战，终于取得胜利，这象征着第二次世界大战的结束。

● 纽伦堡审判

1945年11月20日—1946年10月1日，在德国纽伦堡进行的国际战争罪犯审判。苏、美、英、法四国各指派一名法官和一名预备法官组成国际军事法庭，对无法确定其具体犯罪地点的纳粹德国首要战犯进行统一审判。经过216次开庭，法庭对24名被告中的22人做了应有的判决，其中12人被判处绞刑。纽伦堡审判是历史上第一次对侵略战争的组织者、阴谋者、煽动者和计划执行者进行的国际审判，开启了将战犯押上国际法庭接受法律惩处的先河。这次对战犯的指控是以指导战争行为的公认的国际法和国际惯例为依据的，它作为国际刑法史上第一案例将永载史册。

● 联合国的成立

1942年初，中、苏、美、英等26个国家在《联合国家宣言》上签字，这是第一次正式采用"联合国家"（也译为联合国）这个名称。1945年10月24日，在美国旧金山参加"联合国家国际组织会议"的50个国家的代表，签署了《联合国宪章》，标志着联合国正式成立。第二次世界大战前，存在一个类似于联合国的组织——国际联盟，通常可以认为是联合国的前身。

当代篇

冷战下的两极格局
和平的隐忧
世界多极化的格局

冷战下的两极格局

● 法兰西第四共和国

法国在第二次世界大战后建立的资产阶级共和国（1945 年 9 月—1957 年 10 月），史称法兰西第四共和国。法国光复后，围绕政体问题，各派政治力量展开激烈斗争。1945 年 9 月，法国全民公决，摈弃第三共和国，第四共和国成立。10 月，制宪议会通过新宪法，宣告第四共和国正式建立。该宪法确立两院议会制，并对共和国总统的权力作了严格的限制。11 月，戴高乐被议会选举为临时政府总理，组成新的临时政府。

● 杜鲁门主义

第二次世界大战后，德、意、日三个法西斯国家彻底失败，而英、法的力量也严重削弱，只有美国依仗其在战争中发展起来的经济、军事实力，在资本主义世界取得了统治地位。1947 年 3 月 12 日，美国总统杜鲁门在国会两院联席会议上宣读了后来被称为杜鲁门主义的国情咨文，发表了敌视社会主义国家的讲话。杜鲁门主义是对别国内政的干涉，被认为是美苏之间冷战正式开始的重要标志。

● 马歇尔计划

官方称为欧洲复兴计划，是二战后美国对被战争破坏的西欧各国进行经济援助、协助重建的计划，对欧洲国家的发展和世界政治格局产生了深远的影响。美国提出，凭借其在二战后的雄厚实力，帮助欧洲盟国恢复因世界大战而濒临崩溃的经济体系，并同时抗衡苏联和共产主义势力在欧洲的进一步渗透和扩张。该计划因时任美国国务卿马歇尔而得名。事实上，真正提出和策划该计划的是美国国务院的众多官员，特别是威廉·克莱顿和乔治·凯南。

● 麦卡锡主义

1950—1954 年，美国国内反共、反民主的典型代表，它恶意诽谤、肆意迫害共产党和民主进步人士，直至有不同政见的人。从1950年初麦卡锡主义泛滥开始，到1954年底彻底破产的前后5年里，它的影响波及美国政治、外交和社会生活的方方面面。麦卡锡主义作为一个专有名词，成为政治迫害的同义词。

● 北大西洋公约组织

简称北约组织或北约，是美国与西欧、北美主要发达国家，为实现防卫协作而建立的一个国际军事集团组织。1949年4月4日，美国与加拿大、英国、法国、比利时、荷兰、卢森堡、丹麦、挪威、冰岛、葡萄牙、意大利共12国在华盛顿签订了《北大西洋公约》，标志着北约正式成立，目的是与以前苏联为首的东欧集团成员国相抗衡。北约拥有大量核武器和常规部队，是西方的重要军事力量，是实现战略同盟的标志，是马歇尔计划的发展，是控制欧洲的防务体系，是美国称霸世界的标志。

● 华沙条约组织

简称华约组织或华约，是东欧社会主义阵营为对抗北大西洋公约组织而成立的政治军事同盟。随着雅尔塔体制的确立，以苏联为首的社会主义阵营同以美国为首的西方资本主义阵营处于冷战的对峙状态。1954年10月，苏联同阿尔巴尼亚、保加利亚、波兰、民主德国、捷克斯洛伐克、罗马尼亚、匈牙利等国家声称：如西方国家批准《巴黎协定》，苏联和东欧国家将采取相应措施。1955年5月5日，《巴黎协定》被批准。5月14日，8国在华沙签署了《华沙条约》。同年6月4日，华沙条约组织这一军事、政治同盟正式成立。1991年7月1日，华沙条约组织正式解散。

● 布鲁塞尔条约

第二次世界大战后成立的西欧第一个军事联盟组织，由英国发起，法国、荷兰、比利时和卢森堡等国参加。1948年8月25日，《布鲁塞尔条约》生效。布鲁塞尔条约组织改组为西欧联盟，其任务是协调成员国的国防政策、武装部队和军火生产，并在政治、社会、法律等方面进行合作。

● 美苏"厨房辩论"

1959年7月，在莫斯科举行的美国国家博览会开幕式上，时任美国副总统的尼克松和前苏联部长会议主席赫鲁晓夫之间的一场关于东西方意识形态和核战争的论战。这场辩论之所以被称作"厨房辩论"，不仅仅是因为其发生在厨房，更是因为尼克松巧妙地把辩论的焦点转移到了诸如洗衣机之类的家用电器上，而不是武器之类，从而避免了在辩论中被迫承认美国在军事方面相对于苏联的劣势。

● 日内瓦会议

1954年4月26日—7月21日，苏、美、英、法、中，5国外交会议在瑞士日内瓦国联大厦举行。会议主要讨论如何和平解决朝鲜问题和关于恢复印度支那和平问题。会议发表了《日内瓦会议最后宣言》，实现了印度支那的停战，结束了法国在此地区多年的殖民战争，确认了印支三国的民族权利，是印支三国人民争取独立过程中的重要里程碑。

● 第三世界的盛会——万隆会议

1955年4月18日—24日，在印度尼西亚万隆召开的反对殖民主义，推动亚非各国民族独立的会议，又称第一次亚非会议。会议广泛讨论了民族主权和反对殖民主义、保卫世界和平、各国经济文化合作等问题。针对诋毁中国的言论及企图分裂会议的情况，周恩来提出"求同存异"方针。在中国和大多数与会国努力下，会议一致通过了包括经济合作、文化合作、人权和自决、附属地人民问题、关于促进世界和平与合作宣言等部分在内的《亚非会议最后公报》，确定了指导国际关系的10项原则。这10项原则是和平共处五项原则的引申和发展。会议号召亚非各国团结一致、和平相处、友好合作、共同反对帝国主义与殖民主义，被称为万隆精神。

● 法兰西共同体

由法国与原法属非洲殖民地国家间关系演变而形成的一种特殊的国家结合体，以维持法国与它们的特殊联系。成员国通过协议方式宣布独立后仍不脱离共同体，非成员国也可通过协议方式参加共同体而不丧失其独立国地位。成员国享有自治权，但对外、国防、货币、战略物资等政策由共同体统筹。1958年9月，法国制定的第五共和国宪法规定，把法兰西联邦改为法兰西共同体。

● 欧洲经济共同体

西欧国家推行欧洲经济、政治一体化，并具有一定超国家机制和职能的国际组织，欧洲煤钢共同体、欧洲原子能共同体和欧洲经济共同体的总称，又称欧洲共同市场，简称欧共体。1965年4月8日，法、意、联邦德国、荷、比、卢6国签订了《布鲁塞尔条约》，决定将欧洲煤钢共同体、欧洲原子能共同体和欧洲经济共同体统一起来，统称欧洲共同体。条约于1967年7月1日生效。

● 古巴导弹危机

又称加勒比海导弹危机，是1962年冷战时期在美国、苏联与古巴之间爆发的一场极其严重的政治、军事危机。事件爆发的直接原因是苏联在古巴部署导弹。这个事件被看作是冷战的顶峰和转折点。在世界史中，人类从未如此近地站在一场核战争的边缘。

● 肯尼迪遇刺

1963年11月22日，美国第35任总统肯尼迪在夫人和得克萨斯州州长陪同下，乘坐敞篷轿车驶过得克萨斯州达拉斯的迪利广场时，遭到枪击身亡。肯尼迪是美国历史上第4位遇刺身亡的总统，也是第8位在任期内去世的总统。1964年9月发表的一份官方报告指出，刺杀肯尼迪的凶手是得克萨斯州教科书仓库大楼的雇员奥斯瓦尔德。其后成立的众议院遇刺案特别委员会，于1976—1979年，再次对总统遇刺案进行了详细的调查取证，并得出结论认为，奥斯瓦尔德刺杀肯尼迪绝不是个人行为。迄今为止，肯尼迪遇刺案仍然存在诸多疑点，产生了许多关于肯尼迪遇刺的说法。

● 柏林危机

第一次发生于1948年，又称柏林封锁，是冷战开始后最早发生的危机，导火线为1948年6月苏联阻塞铁路和到柏林西部的通道。1949年5

月，苏联宣布解除封锁、停止行动之后，危机缓和。第二次发生于1958年，苏联发出最后通牒，要求英、美、法6个月内撤出西柏林驻军，后来以苏联让步为结束。第三次发生于1961年，苏联重新提出西柏林撤军要求，事件以苏联在东柏林筑起柏林墙为结局，美苏关系以苏联冻结柏林问题而得以缓和。

● 波兹南事件

波兰人民共和国历史上第一次针对波兰统一工人党政府的大规模罢工事件，本事件爆发于1956年6月28日，同年6月30日结束。波兰政府的镇压行动导致了至少74人死亡、800人受伤，包括一名13岁的儿童。波兹南事件是波兰逐渐摆脱苏联政治控制的重大事件之一。

● 匈牙利事件

又称匈牙利十月事件，1956年10月23日—11月4日，发生在匈牙利的由群众和平游行而引发的武装暴动。在苏联的两次军事干预下，事件被平息。事件共造成约2700名匈牙利人伤亡。

● 苏伊士运河之争

1956年7月26日，埃及政府宣布将苏伊士运河公司收归国有，公司全部财产移交埃及政府。英法为夺得苏伊士运河的控制权，与以色列勾结，于1956年10月29日，对埃及发动了突然袭击。埃及在全世界人民的声援下获胜。

● 戴高乐主义

20世纪50年代—60年代，法国总统戴高乐制定的法国独立自主外交政策的基本构想和指导原则。戴高乐主义就其本质而言，可称为法兰西民族主义，它包括三方面思想：民族主义思想、集权主义思想和独立自主思想。戴高乐主义以谋求法国在国际政治中的独立自主和世界大国地位为政治目标。

● 法国五月风暴

戴高乐任法兰西第五共和国总统后，推行了一系列内政外交政策，使法国经济发展、国际地位获得提高。但是，独立发展核力量耗资巨大，遭到左翼和右翼的反对，总统的独断专行引起人们的不满，政府反对罢工的立法导致工人的反抗，削减小农户的政策也激起农民的抗争。由于经济情况不好，失业人数多达50万，青年学生面临着毕业即失业的威胁。1968年，各种社会矛盾日益尖锐，以青年学生为前导，法国掀起了五月风暴。

● 布拉格之春

1968年，捷克斯洛伐克共产党中央第一书记杜布切克发起了布拉格之春改革。苏联认为，其有脱离华约倾向，决定武装干涉。8月20日晚，首都布拉格机场接到一架苏联民航机的迫降要求，未予拒绝。客机一降落，苏军突击队迅速占领机场。几分钟后，苏巨型运输机降落。于此同时，4个苏军装甲师、1个空降师、1个东德师、12个苏军师，在对北约与捷克军队展开全面电子压制后，从三个方向占领布拉格。这次军事行动是苏军一次典型的方面军群进攻战斗。布拉格之春是一次有重大意义的国际政治事件，标志着华约内部的裂痕已经渐渐显现。

● 《七七宪章》运动

1977年1月，241位捷克斯洛伐克的知识分子及其他阶层的人士签署并发布了要求保护基本人权的宣言——《七七宪章》。为了维护《七七宪章》所主张的人权原则，宪章的签署人前赴后继地争取了十几年，直至1989年。这就是著名的《七七宪章》运动。由此，捷克斯洛伐克被视为人权运动最深入、影响最巨大的东欧国家。

● 勃兰特与新东方政策

联邦德国勃兰特政府推行的改善与苏联、东欧关系的外交政策。1969年，勃兰特出任总理，放弃哈尔斯坦主义，正式推行新东方政策。其反映了联邦德国在国际形势缓和和经济发展的基础上，摆脱美国的控制、谋求独立的外交、提高国际地位的倾向。新东方政策对20世纪70年代东西方关系的缓和起了重要的作用。其以联邦德国的地位和利益为出发点，以实现德国统一为目标，是联邦德国凭借其经济实力向东欧和苏联推行自己战略的具体表现。新东方政策虽然立足于西方，却自主地发展了同苏联、东欧国家的关系，是联邦德国在国际政治舞台重新发挥重要作用的开端和标志。

● 水门事件

美国历史上最不光彩的政治丑闻之一，对美国历史以及整个国际新闻界有着长远的影响。在1972年的总统大选中，为了取得民主党内部竞选策略的情报，6月17日，以共和党尼克松竞选班子的首席安全问题顾问詹姆斯·麦科德为首的5人，闯入位于华盛顿水门大厦的民主党全国委员会办公室，在安装窃听器并偷拍有关文件时，被当场发现。尼克松于8月8日宣布将于次日辞职，从而成为美国历史上首位辞职的总统。

● 美军入侵格林纳达

1979年3月，格林纳达国内发生政变，亲西方政权倒台。在苏联、古巴支援下，格林纳达新政权亲苏、古倾向日趋明显。美国历来认为，加勒比海是美国内海。为遏制苏、古在这一地区的影响，美国趁格内部再次发生政变、局势混乱之机，纠集中美洲7个加勒比国家，对格林纳达发动了代号为暴怒的武装入侵。10月25日，美军分批搭乘直升机、运输机，实施伞降和机降，揭开战斗序幕。经过一天战斗，基本形成了钳形势态。28日，美军控制格林纳达首都圣乔治，主要战斗基本结束。其后，由英国女王任命的格林纳达总督重新组织新政权，美军陆续撤离。此次入侵，美军死亡18人、伤91人，7架直升飞机被击落，耗资1300万美元。

● "星球大战计划"

20世纪80年代初，美苏两个超级大国的战略核武器在数量和质量都处于均势，走入军备竞赛的死胡同，由此美国提出了"高边疆"战略——"星球大战计划"，又称"战略防御计划"。计划由"洲际弹道导弹防御计划"和"反卫星计划"两部分组成。其预算高达1万亿美元。由于费用昂贵和技术难度大，许多计划中的项目最终无限期延长，甚至终止。加之后来苏联的解体，美国在花费了近千亿美元的费用后，于20世纪90年代宣布中止"星球大战计划"。

和平的隐忧

● 印巴分治

英国把统一的印度分为印度和巴基斯坦两个自治领，以便殖民统治的政策。第二次世界大战后，在印度人民反英斗争高涨的形势下，英国于1947年6月公布了蒙巴顿方案，对印度采取分而治之的政策，规定根据居民的宗教信仰把印度分为两个自治领——印度教徒聚居的印度斯坦和伊斯兰教徒聚居的巴基斯坦。其后，印度和巴基斯坦于1950年和1956年先后宣布为独立的共和国。

● 中东战争

又称阿以战争或以阿战争，是以色列与埃及、叙利亚等阿拉伯国家进行的5次大规模战争。第一次中东战争（1948年）又称巴勒斯坦战争，以色列占领了巴勒斯坦80%的土地；第二次中东战争（1956年）又称苏伊士运河战争，以色列撤出加沙地区和西奈半岛；第三次中东战争（1967年）又称六五战争，双方分别从美、苏得到新式武器装备，为下次战争做准备；第四次中东战争（1973年）又称十月战争，广泛利用电子技术和使用各种战术导弹，是这次战争的突出特点；第五次中东战争（1982年）又称以色列入侵黎巴嫩战争。中东战争是第二次世界大战后持续时间最长的战争。

● 越南战争

简称越战（1961—1975年），又称第二次印度支那战争，为越南民主共和国（北越）及越南南方民族解放阵线（越共）反抗美国及其傀儡政权越南共和国（南越）的一场战争。尼克松执政时期，美国因国内的反战浪潮的高涨，尼克松政府逐步将军队撤出越南。北越和越共最终打败了南越军队，统一了越南全境。1976年1月2日，越南社会主义共和国成立。

越战是美国历史上持续时间最长的战争，也是二战后美国参战人数最多、影响最重大的战争。越南战争的总战争费用为6630亿美元，结束了美国二战后25年的经济繁荣，其经济状况急转直下。尽管美国在军事上并未失败，但已表明美国冷战策略的错误。越战极大地改变了冷战的态势。

● 洛克比空难

1988年12月21日，泛美航空103号班机执行法兰克福–伦敦–纽约–底特律航线的飞行任务，其间成为恐怖袭击目标。飞机在苏格兰边境小镇洛克比上空爆炸，270人罹难。这次炸弹袭击被视为一次对美国的袭击，是"9·11"事件前最严重的恐怖活动。

● 马岛战争

全称马尔维纳斯群岛战争。1982年4—6月，英国和阿根廷为争夺马岛（阿根廷称马尔维纳斯群岛）的主权而爆发的一场战争。阿根廷在1980年发生严重的经济危机和大规模的反军政府运动。阿政府试图通过对马岛采取军事行动，缓解国内危机。1982年4月2日，阿总统下令出兵占领马岛，战争正式爆发。英国最初对阿根廷的进攻感到吃惊，派遣了一支海军特遣战斗群来对抗阿根廷海空军的进攻，皇家海军陆战队也加入了战斗。在一番激烈争夺后，英军夺回了马岛的控制权。但是，阿根廷至今仍未放弃对马岛的主权要求。战争对双方的政治影响都是巨大的。阿根廷的战败引发了更大规模的反政府运动，导致军政府倒台。对于英国来说，强烈的胜利情绪帮助英国保守党赢得了1983年的普选。

● 海湾战争

1991年1月17日—2月28日，以美国为首的多国部队在联合国安理会授权下，为恢复科威特领土完整而对伊拉克进行的局部战争。主要战斗包括历时42天的空袭，在伊拉克、科威特和沙特阿拉伯边境地带展开的历时100小时的陆战。多国部队以较小的代价取得决定性胜利。伊拉克最终接受联合国660号决议，并从科威特撤军。海湾战争是世界两极体系瓦解、冷战结束后的第一场大规模局部战争。它深刻地反映了世界在向新格局过渡时各种矛盾的变化，是这些矛盾局部激化的结果。

● 波黑战争

1992年4月—1995年12月，波斯尼亚和黑塞哥维那（简称波黑）三个主要民族围绕波黑前途和领土划分等问题而进行的战争。第一阶段（1992—1994年），波黑三族展开大规模领土争夺战；第二阶段（1994—1995年），西方加强对波黑干预，战争进入相持阶段；第三阶段（1995年），塞族丧失军事优势，被迫妥协。波黑战争是第二次世界大战后在欧洲爆发的规模最大的一次局部战争，且自始至终伴随着外部势力的军事介入和武装干预。

● 科索沃战争

科索沃战争是由科索沃危机引发的，而科索沃危机则根源于南斯拉夫社会主义联邦共和国的解体。黑山和塞尔维亚组成的南联盟共和国，反对科索沃独立，致使双方矛盾加剧。在以美国为首的北约的干预下，对南联盟实施军事打击，结果以南联盟战败而告终。科索沃战争是20世纪末世界格局转型进程中的一个重要的阶段性标志，冷战后多极化格局逐步形成。

● "9·11"恐怖袭击

又称"9·11"事件，是2001年9月11日，恐怖分子劫持飞机撞击美国纽约世贸中心和华盛顿五角大楼的历史事件。世贸中心大楼化为一片废墟，造成3000多人丧生。此事件是历史上最致命的恐怖袭击事件，并最终导致影响深远的变化——全世界联合起来共同反对各种形式的恐怖主义。

世界多极化的格局

● 南南合作

广大发展中国家基于共同的历史遭遇和独立后面临的共同任务而开展的相互之间的合作。1955年召开的万隆会议确定了南南合作磋商的原则，促进了原料生产国和输出国组织的建立，提出了在发展中国家间实施资金和技术合作，因此被认为是南南合作的开端。20世纪60年代初形成的不结盟运动和77国集团是南南合作的两个最大的国际组织，它们通过的一系列纲领性文件，为南南合作规定了合作的领域、内容、方式与指导原则。

● 不结盟运动

一个松散的国际组织，1961年9月成立，目前有118个成员国、16个观察员国（中国于1992年9月成为观察员国）和9个观察员组织。它包括了近2/3的联合国会员国，绝大部分是亚洲、非洲和拉丁美洲的发展中国家。其成员国奉行独立自主、不与美苏两个超级大国中的任何一个结盟的外交政策。不结盟运动的开展，成为第三世界崛起的标志，是自万隆会议后的第二个划时代的里程碑。

● 77国集团

发展中国家在反对超级大国的控制、剥削、掠夺的斗争中，逐渐形成和发展起来的一个国际集团。1963年，在18届联大讨论召开贸易和发展会议问题时，75个发展中国家共同提出一个《联合宣言》，当时称为75国集团。后来，在1964年召开的第一届联合国贸易发展会议上，77个发展中国家和地区发表了《联合宣言》，自此称为77国集团。1979年成员国已增加到120个，但仍沿用了77国集团的名称，反映了发展中国家为维护切身利益而走向联合斗争的共同愿望。77国集团为推动南南合作和南北合作做出了重要贡献。

● 石油输出国组织

1960年9月，由伊朗、伊拉克、科威特、沙特阿拉伯和委内瑞拉组成的代表在巴格达开会，决定联合起来共同对付西方石油公司，维护石油收入。14日，5国宣告成立石油输出国组织，简称欧佩克（英语OPEC的音译）。其宗旨是，协调和统一各成员国的石油政策，并确定以最适宜的手段来维护它们各自和共同的利益。欧佩克各成员国的代表（主要是代表团团长）在欧佩克大会上对其石油政策加以协调、统一，以促进石油市场的稳定与繁荣。欧佩克秘书处负责该组织的日常事务，接受理事会的指令，由秘书长直接领导。欧佩克下设的经济委员会、部长监察委员会等多个执行机构，则履行咨询、磋商、协调等多项职能。

● 欧洲安全与合作会议

为缓和东西方在欧洲的对抗而召开的国际会议，简称欧安会。苏联与东欧国家在1954年首次提出召开欧安会的建议。1972年5月，苏美达成召开欧安会的协议。正式会议分三个阶段举行：第一阶段是各国外长会议，1973年7月3日—6日在赫尔辛基举行，原则通过会议议程；第二阶段是专家会议，1973年9月18日—1975年7月21日在日内瓦举行，经过多次专家组会议草拟出《欧洲安全与合作会议的最后文件》（简称《最后文件》）；第三阶段是欧安会第一次首脑会议，1975年7月30日—8月1日在赫尔辛基举行，主要是通过并签署上述的欧安会《最后文件》（又称《赫尔辛基宣言》）。20世纪90年代，随着东西方关系进一步缓和，欧安会第二次首脑会议于1990年11月19日—21日在巴黎举行，欧洲32国和美、加签署了《新欧洲巴黎宪章》，对1990年10月两德统一表示赞同，同时宣布欧洲冲突、分裂的时代已经结束。

● 欧洲安全与合作组织

简称欧安组织，前身是1975年成立的欧洲安全与合作会议（欧安会），它包括所有欧洲国家和美国、加拿大，是唯一一个包括所有欧洲国家在内并将它们与北美洲联系到一起的安全机构，以色列、埃及、约旦、摩洛哥、阿尔及利亚和突尼斯等6个地中海国家，日本、韩国、泰国等3个亚洲国家作为伙伴国，与欧安组织维持着特殊的合作关系。1994年12月，欧安会在匈牙利首都布达佩斯举行的欧安会首脑会议上，认为其工作已经远远超过一个会议，决定从1995年1月1日起，将该组织更名为欧洲安全与合作组织。

● 德国的统一

二战后，西德（联邦德国）加入了以美国为首的北约组织，东德（民主德国）加入了以苏联为首的华约组织。1989年，民主德国局势发生了急剧变化。自5月起，大批公民涌入联邦德国。10月初，许多城市相继爆发了规模不等的示威游行，要求放宽出国旅行和新闻媒介等限制。10月18日，民主德国总统昂纳克宣布辞职。11月9日，柏林墙开放。11月28日，联邦德国总理科尔提出关于两个德国实现统一的十点计划。1990年2月13、14日，民主德国总理莫德罗首次访问联邦德国。3月18日，民主德国人民议会实行自由选举，德梅齐埃任总理，两德统一的步伐大大加快。5月18日，两德在波恩签署关于建立货币、经济和社会联盟的国家条约。8月31日，双方又在柏林签署两德统一条约。9月24日，民主德国退出华约组织。10月3日，民主德国正式加入联邦德国。民主德国的宪法、人民议院、政府自动取消，原14个专区为适应联邦德国建制改为5个州，共同并入联邦德国，分裂40多年的两个德国重新统一，并以德意志联邦共和国作为国家的正式名称。

● 欧洲联盟

简称欧盟，是由欧洲共同体（欧洲共同市场）发展而来的，主要经历了三个阶段：荷、卢、比三国经济联盟、欧洲共同体、欧盟。其实，欧盟是一个集政治实体和经济实体于一身、在世界上具有重要影响的区域一体化组织。1991年12月，欧洲共同体马斯特里赫特首脑会议通过《欧洲联盟条约》，通称《马斯特里赫特条约》（简称《马约》）。1993年11月1日，《马约》正式生效，欧盟正式诞生。

● 世界贸易组织

独立于联合国的永久性国际组织，简称世贸组织。1995年1月1日，正式开始运作，负责管理世界经济和贸易秩序，总部设在瑞士日内瓦莱蒙湖畔。1996年1月1日，正式取代关贸总协定临时机构。世贸组织是具有法人地位的国际组织，在调解成员争端方面具有更高的权威性，其涵盖货物贸易、服务贸易以及知识产权贸易。世界贸易组织的基本原则是：非歧视贸易原则，包括最惠国待遇、透明度和国民待遇条款；可预见的和不断扩大的市场准入程度，主要是对关税的规定；促进公平竞争，致力于建立开放、公平、无扭曲竞争的"自由贸易"环境和规则；鼓励发展与经济改革。